dtv

Wie wurde eigentlich das Dessert Charlotte russe erfunden? Was genau ist Bries? Oder Zampone? Oder Guacamole? Und wie wird das gemacht? Mit einer guten Portion Humor und mit messerscharfem Verstand machten sich die Autoren der »SZ-Kostprobe« an ihre große Aufgabe: Esskultur zu vermitteln. Es entstand ein Panoptikum kulinarischen Wissens – der Hamburger wurde tatsächlich von einem Hamburger erfunden, Obelix bekam vom Austernessen Bauchschmerzen und den ersten Pichelsteiner Eintopf gab ein königlich-bayerischer Landrichter in Auftrag. Rezepte und Tipps zum richtigen Zubereiten machen das Buch zu einem Ratgeber in Essensdingen; es ist aber auch etymologisches und Dialekt-Wörterbuch der Nahrungsmittel, Kulturführer und Wegweiser im Dickicht der Küchen.

Die Autoren der »SZ-Kostprobe« haben so sprechende Namen wie Gertrude Fein, Carolus Hecht oder Felix Mostrich. Die Texte »Von Aal bis Zabaione« erscheinen in unregelmäßigen Abständen im Anschluss an die Restaurantkritik.

Von Aal bis Zabaione

Basiswissen für Gourmets

Herausgegeben von den Autoren
der »SZ-Kostprobe«

Deutscher Taschenbuch Verlag

Originalausgabe
Juni 2000

www.dtv.de

Umschlagkonzept: Balk & Brumshagen
Umschlagfoto: © Jörn Zolondek
Satz: Fotosatz Reinhard Amann, Aichstetten
Gesetzt aus der Caslon 540 10/12' (QuarkXPress)
Druck und Bindung: C. H. Beck'sche Buchdruckerei,
Nördlingen
Gedruckt auf säurefreiem, chlorfrei gebleichtem Papier
Printed in Germany · ISBN 3-423-36186-7

Vorwort

Fast jeder der in diesem Büchlein mit »Aalen« (so heißen die Texte im Haus- und Küchenjargon der »Kostproben«-Redaktion) vertretenen Autoren hat schon nachzuweisen versucht oder wenigstens behauptet, dass er es war, der die Kolumne erfunden hat. Daraus sind durchaus interessante Theorien erwachsen – denken wir nur an Germaine Seeligers Statement, wonach ihr einmal Lichtenberg im Traum zugerufen habe: »Die Neigung der Menschen, kleine Dinge für wichtig zu halten, hat sehr viel Großes hervorgebracht.« Gleich beim Erwachen sei ihr klar gewesen, dass man, um das Riesenthema Essen und Trinken würdig darzustellen, viele kleine Wichtigkeiten niederschreiben müsse.

Seeligers These wird übrigens ausgerechnet durch Adrian Seidelbast, der ihre Träume sonst harsch zu kritisieren pflegt, untermauert und gestützt. Seidelbast schwört im Leben wie im Arbeiten auf die Chaostheorie, die sich auf das populärwissenschaftliche Kondensat bringen lässt, dass es, wenn in der Inneren Mongolei ein Schmetterling mit den Flügeln schlägt, in Kalifornien über kurz oder lang zu einem fürchterlichen Erdbeben kommen kann. So verhalte es sich, sagt Seidelbast, auch mit den »Aalen«. Sie seien im Grund nur ein winziges Geflatter, aber in der Welt des Kochens schlügen sie wie Bomben ein. Naja, wie Adrian Seidelbast halt so redet …

Die Wirklichkeit ist schlichter, wenn auch nicht weniger schön. In den fast 25 Jahren ihres Bestehens hat die »Kostprobe« der ›Süddeutschen Zeitung‹ dank guter Konstitution keiner grundlegenden Neuerungen bedurft. Wohl aber erwies es sich, dass es weder ihr noch ihren Autoren noch gar den Lesern schadet, wenn gelegentlich ein Stichwort näher erläutert wird, sei es, dass es aus dem laufenden Text stammt, sei es, dass es mit dem Thema der »Kostprobe« in inhaltlichem Zusammenhang steht, oder sei es, dass es sonstwie aktuell und deswegen eine kurze Erklärung wert ist. So etwa bietet es sich an, die Kritik eines »Japaners« mit einem »Aal« über den Kugelfisch im wahren Wortsinn abzurunden, doch kann man auch, wenn es die Jahreszeit nahe legt, Spezialitäten wie den Obatzdn oder die Kräutelsuppe vorstellen, obwohl sie in den »Kostproben« keine Rolle spielen.

Es kann ferner – banalster aller Gründe – vorkommen, dass man für ein zur Rezension vorgesehenes Lokal nicht die ganze »Kostprobe« benötigt; in solchen Fällen hat der »Aal« die Funktion, den verbleibenden Platz zu füllen. Dass er dies nicht als beliebiger Lückenbüßer tut, sondern mit Anstand und Format, ist dabei Ehrensache und soll es bleiben.

München, im März 2000

Kajetan Schweiberer

Liste der Kürzel und ihrer Pseudonyme

Bs.	Said
ernst	Walter Ernst
fb	Fridolin Bär
fein	Gertrude Fein
gud	Alois Gudmund
hecht	Carolus Hecht
hum	Johanna N. Hummel
I.P.	Ignaz Permaneder
kaj	Kajetan Schweiberer
most.	Felix Mostrich
nd.	Nicki Deutschmann
niet.	Henry Nietenführ
op	Otto Plößberger
punt	Angus A. Punto
Schwa.	Milena Schwarz
seeli.	Germaine Seeliger
seid	Adrian Seidelbast

Aal

Man kann ihn essen, aber mag man ihn essen? In Günter Grass' ›Blechtrommel‹-Roman winden sich Aale durch einen im Brackwasser vor sich hin faulenden Pferdekopf: Mahlzeit! Indessen, selbst berühmte Bücher werden häufiger gekauft als aufmerksam zu Ende gelesen. Richtig erledigt wurde der Aal als Speisefisch erst 1979 mit Volker Schlöndorffs auch aal- und pferdekopfmäßig detailbesessener Verfilmung der ›Blechtrommel‹. Dass Amerikaner nur ungern Aale essen, liegt aber nicht am Oscar, den Schlöndorff dafür einheimste, sondern daran, dass sie eben ungern Aale essen, schon immer. Wir Deutschen hingegen hielten Aalfleisch stets für wohlschmeckend – vielleicht nicht obwohl, sondern auch weil es fett und schwer verdaulich ist. Nicht einmal die unangenehm schleimige Haut stört hartnäckige Aal-Genießer; sie ziehen die Haut einfach ab, bevor sie den Fisch in den Topf oder in die Pfanne werfen. Oder sie räuchern ihn, mitsamt seiner Haut: Man kann noch mit einem toten Aal allerhand anstellen, ohne ihn kleinzukriegen. Ausgewachsen wird ein Aalweibchen bis zu eineinhalb Meter groß (Aalmänner begnügen sich mit schlappen 50 Zentimetern). Sie leben im Süßwasser, kommen aber in Gestalt glitschiger durchsichtiger Würmer (»Glasaale«) aus dem Meer, genauer gesagt aus der Sargassosee – ja, genau, die aus den Piratengeschichten. Die Sargassosee ist über und über mit Algen und dichtem Tang bedeckt; was sich bei der Aalzeugung unter diesem grünen Teppich abspielt, hat bis heute keiner herausgefunden. Und wie wir den Aal kennen, ist das auch besser so. *seid*

Aceto balsamico

Zwischen Aceto balsamico und Essig gibt es viele Unterschiede. Der erste und entscheidende besteht in der Herstellung: Grundlage für Essig ist eine alkoholisch vergorene Flüssigkeit, Spiritus oder Obstwein also. Balsamico aber macht man aus Most, also noch unvergorener Flüssigkeit, die eingedickt und reduziert wird, bevor man sie gären lässt. Jahre-, ja jahrzehntelang lagert er dann, wird umgefüllt von Eichenfässern in solche aus Kastanien-, Eschen-, Kirsch-, Wacholder-, Maulbeerbaum-, Buchenholz, wird weniger von Jahr zu Jahr, ist am Ende reduziert auf ein Drittel der Anfangsmenge, verliert alle aggressive Schärfe, bekommt ein volles, würziges Aroma und wird tiefbraun. Acht bis zehn Jahre alt sollte ein Balsamico sein, bevor er auf Flaschen gezogen wird; es gibt freilich solche, die 50, 60 oder mehr Jahre gereift sind, natürlich auch im Preis. Traditionell versteht man sich am besten – und das seit Jahrhunderten! – in der italienischen Provinz Modena auf all dies. Früher setzte hier der Vater den Aceto balsamico für den Sohn an.

Heute gibt es auch Balsamici, die aus Stahlfässern stammen und nur ein, zwei Jahre alt sind. Dagegen wehrt man sich in Modena mit der Einführung von Qualitätsmarken: Als *Banda rossa* wird ein mindestens zehn Jahre alter Balsamico qualifiziert, als *DOC* einer, der nicht unter 40 Jahren auf dem Buckel hat. Einen solchen kann man auch schon mal im kleinen Gläschen als Digestif trinken, und wer täte das schon – letzter Unterschied – mit einem Essig? *niet.*

Al dente

heißen Spaghetti und verwandte Nudeln dann, wenn der Koch sie rechtzeitig aus dem Wasser genommen hat – was so gut wie nie der Fall ist. Auch in ambitionierten (und entsprechend teuren) italienischen Restaurants degradiert der Küchenalltag die Pasta meist zur schlaffen Teigware, die den Zähnen keinerlei Widerstand entgegensetzt. Vermeiden lässt sich dieses Resultat zumindest am privaten Herd durch die Beachtung dreier Grundregeln.

Erstens: Das nahrhafte Ei hat in den Nudelsorten, von denen hier die Rede ist, nichts verloren. Gute Pasta, die *al dente* geraten soll, besteht aus Hartweizengrieß, Wasser und sonst gar nichts.

Zweitens: Die Nudeln kommen ins kochende Wasser (mindestens ein Liter pro 100 Gramm Pasta); anschließend muss die Wassertemperatur bis knapp an den Siedepunkt gedrosselt werden.

Drittens: Wer sich an die auf der Packung angegebenen Kochzeiten hält, ist selber schuld. Hier hilft nur Probieren. Kurz bevor (!) die Nudeln den idealen Zustand erreicht haben, werden sie in ein Sieb geschüttet und garen dort im eigenen Dampf der Vollendung entgegen.

Dass diese Kunstübung nahezu jeden Restaurantkoch überfordert, versteht sich: Entweder stellt er jede bestellte Portion einzeln her (nur dann geriete sie ihm wirklich *al dente*) oder er schließt Kompromisse. Häufigster Fall: Die Nudeln werden en gros vor- und dann portionsweise zu Ende gekocht. Das Ergebnis stimmt meist melancholisch. *seid*

Amuse gueule

Amuse gueule heißt wörtlich übersetzt »Kehlenvergnügen«, wohingegen man *amuse bouche* mit »Mundvergnügen« übersetzen müsste, wenn man nicht für beides auf die altbayerische Formulierung »Magentratzerl« zurückgreifen will. Gemeint ist jedenfalls immer das Gleiche, nämlich eine vergnügliche Idee, die in erster Linie in der französischen Küche praktiziert wird, die sich erfreulicherweise langsam aber auch bei uns durchzusetzen beginnt: die klitzekleinen Häppchen zum Aperitif, mit denen ein freundlicher (und gescheiter) Wirt seine Gäste in Stimmung bringt. Allerdings müssen die Häppchen dazu auch taugen. Es geht nämlich durchaus einfallsreicher, als nur ein paar Stücke vertrocknetes Weißbrot oder einen lauwarmen Toast neben die drei abgezählten Scheibchen Butter auf den Tisch zu stellen. Auch die allzu vegetarische Variante – ein paar Karottenstängelchen mit einer undefinierbaren Sauce – ist nicht jedermanns Sache, genauso wenig wie es viele Gäste mögen, wenn ihnen gleich zu Beginn des Mahls der Magen mit Schmalz oder Mett zugekleistert wird. Jener Gast hingegen, der ein paar Champignons in Blätterteig oder Windbeutelchen mit Geflügelleber oder auch nur ein kleines Stück Quiche zu seinem Sherry gegessen hat, sieht dem Rest der Veranstaltung mit schon sehr viel freudigerer Erwartung entgegen. Und er wird auch nicht so ungeduldig, wenn dann die Herstellung des Menüs so lange dauert, wie sie das muss. *I. P.*

Apfelmost / Cidre

»Wenn sich der Most auch ganz absurd gebärdet / Es gibt zuletzt doch noch 'nen Wein.« Nun gut, so spricht der Teufel, und man könnte meinen, er redete einfach von gekeltertem Traubensaft. Da aber Mephisto wie sein Schöpfer Goethe Hesse ist und sein Quantum *Ebbelwoi* geleert hat, meint er etwas anderes: vergorenen Apfelsaft, jenen Trank also, den sich weit gereiste Weltbürger von heute (falls frankophil) als *Cidre* oder (falls anglophil) als *Cider* einfüllen. Das ist alles so ziemlich das Gleiche, nur auf Apfelsorte, Gärung und die Beigabe von Zucker kommt es an, ob nun der normannische Cidre relativ trocken, der süddeutsche Apfelmost etwas süßer, der britische Cider am süßesten sich gebärdet. Achtung: Trotz des im Vergleich zu richtigem Wein geringen Alkoholgehalts beschwipsen sie allemal. Das freute schon Goethe: »Der Most, der gärend sich vom Schaum geläutert / Er wird zum Trank, der Geist und Sinn erheitert.« *gud*

Aspik/Sülze

Aspik nennt der fein französelnde Gourmet jenen wohlschmeckend wabbelnden Glibber, der kühl und glänzend manche Vorspeisen-Leckerei wie Fisch, Fleisch, Federvieh umgibt. Der bodenständigere Mensch sagt Sülze dazu, oder bayerisch: Sulz. Ob Aspik oder Sulz: Den Sud dazu gewinnt man durch das Auskochen von – meist schweinernen – Füßen und Ohren. Im Wasser lässt der Koch diese unedlen Teile leise dahinbrodeln, bis sich das Fleisch vom Knochen lösen lässt, seiht dann die Brühe ab, lässt sie erkalten und schöpft das Fett ab. Besonders klar wird der Sud, wenn man die Brühe dann noch einmal erwärmt und halb steif geschlagenen Schnee von Eiweiß und Eischale dazugibt, aufkochen lässt, kurz kalt stellt und dann die sich bildende Eihaut abzieht. In das gerade noch flüssige Fleischgelee (französisch: aspic) kann man nun in Schichten Braten, Fisch, Gemüse einlegen. Gourmets verfeinern den Sulzsud häufig noch mit Wein oder Portwein. Der Bayer dagegen isst in der Knöcherlsulz die Schweinsfüße, die Ohren, Schwanz und Rüssel gleich mit. Zwei Warnungen: Meiden sollte man Sülze aus der Tüte, aus Gelatine also, die nach gar nichts schmeckt. Und ein weiterer Fehler ist es, am Oberrhein ohne nähere Erkundigungen »Sulz« zu bestellen; der Badener versteht unter Sulz nämlich etwas ganz Anderes: Kutteln. *gud*

Austern

Das erste Mal ist das schwerste Mal. Wer tapfer schluckt, zählt dann entweder zur Menschheitshälfte der Austern-Hasser oder aber der leidenschaftlichen Liebhaber dieser Muschel. Um den Einstieg zu erleichtern, empfehlen Austeromanen wie Michael Merz auf das noch lebende Tier kräftig zu beißen, weil »Austern zerkaut werden wollen« und sie ansonsten »dem armen Novizen schrecklich schwer im Magen« liegen. Über gelegentliche Verdauungsschwierigkeiten mit der stark eiweißhaltigen Glibbermuschel ist auch in der Literatur unserer Klassiker nachzulesen: Der Gallier Obelix beklagte gegenüber seinem Freund Asterix ein diffuses Magendrücken. Er hat die Austern mitsamt Schale im Dutzend verschluckt. Damit war ihm zumindest eine lästige Arbeit erspart geblieben. Denn das Öffnen der Austern mit einem eigens dafür hergestellten scharfen und kurzen Messer ist Russisches Roulette mit den Pulsadern und überhaupt eine Wissenschaft für sich. Es kommt nämlich darauf an, möglichst keinen Tropfen des Austernsaftes zu verschütten. Viel wohlriechende Flüssigkeit ist stets auch ein Beleg für die Frische der Muscheln, deren Saum, sofern sie roh verspeist werden, beim Beträufeln mit Zitrone leicht zucken muss. *nd.*

Barbarie-Ente

Die Barbarie-Ente heißt so (und nicht, wie oft fälschlich behauptet, Barb*e*rie-Ente), weil sie aus der Barbarei stammt. Wobei die Barbarei in dem Fall eine Berberei ist: Das vor allem in Südwestfrankreich gezüchtete Speisetier stammt nämlich ursprünglich aus den nordafrikanischen Weide- und Jagdregionen der Berber, in denen es freilich frei herumfliegt. Bei dieser Gelegenheit: Wenn auf der Speisekarte Flugente steht, heißt das keineswegs, dass die Ente geflogen ist, sondern nur, dass sie hätte fliegen können, wenn man sie gelassen (und nicht zum Zwecke des Verzehrs gezüchtet) hätte. Immerhin bewirken die fliegenden Vorfahren, dass auch das Fleisch der Barbarie-Flug-Zucht-Ente eher etwas streng schmeckt. Durchaus besser schmecken die Enten aus den Gegenden von Nantes oder Rouen. Warum die dann nicht bei uns gegessen werden? Weil halt die Barbarie-Ente irgendwann in Mode kam und weil Kochkunst hierzulande vor allem aus Dauerimitation besteht. *seid*

Basilikum

Basilikum kommt keineswegs nur in der Form vor, in der es der gehobene Esser hierzulande zwischen Tomaten- und Mozzarellascheiben verzehrt. Genau genommen ist das solcherart populär gewordene italienische Basilikum (wie schon der lateinische Name *Basilicum difforme* verrät) eine Abart des ursprünglich nur in Asien heimischen eigentlichen Basilienkrauts. Jenes schmeckt bekanntlich leicht süß und zugleich ein wenig nach Pfeffer (weshalb, was weniger bekannt ist, seine Blätter und Blütenstände auch in der Backwaren- und Konditorei-Industrie reichlich Verwendung finden); dieses verbreitet ein Zitronenaroma, das vor allem bei der weiteren Unterart des kleinen Basilienkrautes (in Thailand als *Horapa* gebräuchlich) besonders ausgeprägt in Erscheinung tritt. Übrigens: Alle Basilikumarten lassen sich ohne weiteres in deutschen Blumentöpfen züchten. *seid*

PS: Dringender Hinweis von Rafaela P. aus Rom an die SZ-Kostprobe: In den klassischen Spaghetti-Sugo kommt *kein* Basilikum.

Bayerische Creme

Bayerische Creme (norddeutsch) oder Crème bavaroise (bayerisch) oder Rahmsulz (altbayerisch) besteht in ihrer vanillenen Stammform hauptsächlich aus Milch, Eiern, Zucker und Rahm; Gelatine lässt sich kaum vermeiden. Vom Grundrezept gibt es etwa so viele Varianten wie es Obstsorten gibt. Dabei wird dann die Milch durch pürierte Aprikosen, Himbeeren, Pfirsiche oder, oder, oder ersetzt. Auch mit Schokoladen- oder Moccageschmack wird die Creme hin und wieder serviert. Nach den Regeln der Kunst bereitet, lässt sie die derzeit modischen Schnick-Schnack-Nachspeisen neben sich zum Laden- beziehungsweise Büfett-Hüter verkümmern. Ihren französischen Namen hat die Creme nicht etwa aus Snobismus, sondern weil sie von der französischen Königin Isabeau de Bavière, einer bayerischen Prinzessin, kreiert worden ist. Die im 14. Jahrhundert noch arg darniederliegende Kochkunst in Frankreich wurde also nicht nur von Italien her, sondern auch von Bayern aufgepäppelt; das muss endlich einmal festgehalten sein. *fein*

Béchamelsauce

Béchamelsauce nennt man eine glatte, weiße Grundsauce mit wenig Eigengeschmack. Einer Überlieferung zufolge soll die Béchamelsauce in grauer Vorzeit aus einem alten Huhn, einem Rebhuhn, Gemüse, Wein und Sahne bereitet worden sein. Das war im 17. Jahrhundert. Angeblich wurde sie dem Hofmeister und Sekretär des Sonnenkönigs Ludwig XIV., Marquis de Nointel Louis de Béchamel (gestorben 1703), gewidmet.

Eine andere Version besagt, dass ein deutscher Koch namens Joachim Becher 1804 im Elsass ein deutsches »Spezialitäten-Restaurant« eröffnete und ein Jahr darauf wegen einer besonders pappigen unter seinen Mehlsaucen von aufgebrachten Einheimischen in seinem eigenen Mehlfass erstickt wurde. Als Mahnung für alle Köche wurde die weiße Sauce Becher-Mehl-Sauce genannt.

Diese Warnung wird bis zum heutigen Tag von vielen Köchen und Hausfrauen – sei's aus Unwissen, sei's aus Bequemlichkeit – ignoriert. Dabei wäre die Sache so einfach: Das Grundrezept verlangt bei dreiviertel Liter Milch eine Mehlschwitze von 40 g Butter und *nicht mehr* als 40 g Mehl, dazu Salz, Muskatnuss und – je nach Weiterverarbeitung und Geschmack – eine halbe Zwiebel, drei Nelken, etwas Petersilie.

fein

Beuscherl/Kalbslunge

Das Beuscherl oder Löngerl ist, wie »'erl« schon sagt, eine süddeutsche und österreichische Spezialität. Der empfindliche Norddeutsche wendet sich da meist mit Grausen (ausgenommen der Münsteraner, der mit Appetit seine Töttchen verspeist).

Die gereinigte (Kalbs-)Lunge mit Wurzelwerk, Zwiebel, Lorbeerblatt, Pfefferkörnern und Salz kochen. Zu einer braunen Einbrenne fein gehackte Salzgurke, Zwiebel, Petersilie und Knoblauch geben, nach Geschmack auch Kapern und Sardellenfilets, mit Weinessig ablöschen und mit der Kochbrühe aufgießen. Diese Sauce kochen, bis sie die gewünschte Konsistenz hat, dann über die fein geschnittene Lunge passieren. Mit Zitronensaft, Majoran, Essig und Rahm abschmecken.

So entsteht das Gericht, dem der Wiener Feuilletonist Friedrich Schlögel nicht nur sättigende, sondern auch heilsame Wirkung zuschreibt: »Der starke Mann, sollte er sich … invalide fühlen, führt seinen sündhaften Magen einem derberen Purgatorium zu … die Pfade verfolgend, wo ein ›saures Bäuschl‹ credenzt wird, hofft er auch diese Krisis zu überstehen.«

fein

Bier

»Obergärig ist unser Bier«, hieß es in einer Brauereireklame und das klang so, als hätten die Biersieder soeben Amerika entdeckt. Hatten sie aber nicht. Die obergärige Brauweise (ihr verdanken wir Biere wie *Weizen*, *Alt*, *Kölsch* und *Malzbier*) ist nämlich um ein Erkleckliches älter als die untergärige, deren Resultate die Biere von der Kategorie *Lager*, *Export*, *Pils*, *Märzen*, *Spezial* oder *Bock* sind (übrigens auch das fränkische *Rauchbier*). Die Teilung in ober- und untergärig kommt von der Hefe: Obergärige Hefe bildet zusammenhängende Kolonien, die auf dem Sud schwimmen und abgeschöpft werden können; untergärige Hefe setzt sich nach dem Brauen am Boden des Kessels ab. Vor der Erfindung der Kühlmaschine (Linde, 1876) konnte mit untergäriger Hefe, die Temperaturen zwischen 4 und 9 Grad braucht, nur im Winter gebraut werden, so dass die obergärigen Biere, deren Hefe quasi bei Zimmertemperatur arbeitet, lange Zeit die Marktführer waren. Dass Weizen- oder Weißbier »leichter« sei, ist übrigens ein Irrtum: Als Vollbier hat es mindestens 11 Prozent Stammwürze, also 3 Prozent Alkoholgehalt. *kaj*

Blaufränkisch

Der Blaufränkisch ist hierzulande in Wahrheit ein roter Württemberger. Anders in Ungarn, Österreich und der Slowakei. Denn wirklich gut gedeiht diese spät reife Beere nur auf fetten, schweren Lehmböden, die sich von Pannonien bis ins Burgenland ziehen, zum Beispiel nach Horitschon oder Zagersdorf. Die Öffnung der Slowakei freilich dürfte die Zungen der Sommeliers schnalzen lassen: An den Hängen der Südkarpaten östlich von Bratislava (Pressburg) kann der Frankovka, wie er in Mähren (wo er nicht ganz so prächtig wird) und der Slowakei heißt, zu feuriger Wucht, erdigem Kern und grandioser Fülle heranreifen. Bislang verfügten die meisten Kellereien nicht über ausreichende Technik, um die Kreszenzen transportgerecht zu stabilisieren. So werden die oft erstklassigen Tropfen direkt aus dem Fass in den Heurigenkneipen Bratislavas und seines Hinterlandes versoffen, bevor sie ihre wahre Qualität nur ahnen lassen. *hecht*

Blini

Blini sind dem Russen ungefähr das, was dem Franzosen seine Crêpes und dem Deutschen seine Pfannkuchen sind. Aber eben nur ungefähr. Die hauchdünnen, meist zwei bis drei Millimeter starken Teigfladen sind fast etwas Heiliges in der russischen Küche; sie richtig zu bereiten gleicht einer Zeremonie. Da stellt der Blinibäcker zunächst seine Pfannen, höchstens vier gleichzeitig, sorgfältig gewaschen, getrocknet und mit Salz ausgerieben auf die Herdplatten. Sind die Pfannen glühend heiß, reibt er die erste mit einer in Sonnenblumenöl getauchten rohen Kartoffel aus und gießt den dünnflüssigen Teig aus zwei Teilen Weizenmehl (oder je einem Teil Weizen- und Buchweizenmehl), drei Teilen Milch, Hefe, Salz, Zucker, Ei und Schlagsahne hinein – und zwar so, dass der Teig ganz dünn auf dem Pfannenboden zerfließt. Ist das auch in der vierten Pfanne geschehen, kann die Blini in der ersten Pfanne gewendet werden. Sofort mit Butter bestrichen, werden die gebackenen Blini heiß serviert – zusammen mit ausgelassener Butter, saurer Sahne, schwarzem und rotem Kaviar. Achtung: Vor dem Essen der Blini muss der Magen nach altem Brauch vorbereitet werden – mit mindestens zwei Stamperl Wodka.

gud

Bratkartoffeln

Bratkartoffeln gab es immer montags, weil die Mutter Reste zu verwerten hatte vom großen Sonntagsessen. Reste waren garantiert da, denn sehnsüchtig wurde schon sonntags beim Kartoffelkochen an den Montag gedacht. Damit sind wir bereits bei der zweitwichtigsten Voraussetzung für gute Bratkartoffeln: am Vortag in der Schale gekochte Erdäpfel einer fest kochenden Sorte. (Man kann auch rohe Kartoffeln verwenden, die weniger Fett benötigen und in der zugedeckten Pfanne rösten müssen.) Die wichtigste Voraussetzung freilich ist die Geduld des Kochs, denn Bratkartoffeln brauchen milde Hitze, sonst verkohlen sie schnell und werden bitter. Achtung: Die Pfanne darf nie zu voll sein, sonst werden die Bratkartoffeln nicht braun, sondern matschig. Klassisch ist die Kombination mit Speck und Zwiebeln, wobei zuerst der fein gewürfelte, durchwachsene Speck in etwas Fett ausgelassen wird. Dann folgen die Kartoffeln und zuletzt (!) die Zwiebeln. Gewendet wird, wenn die unteren Kartoffeln braun sind, danach darf die Pfanne nicht mehr zugedeckt sein. So streng sind die Sitten und es ist kein Wunder, dass so oft dagegen verstoßen wird. Fetttriefend und wabbelig kommen die Bratkartoffeln viel zu oft auf den Tisch; in mancher modernen Küche, wo man einen ganz und gar unverständlichen Horror vor Fett jeder Art entwickelt hat, hingegen strohtrocken und fad. Kein Wunder, dass manche Zeitgenossen, kaum haben sie einen Menschen getroffen, der Bratkartoffeln richtig zu bereiten weiß, diesen nie mehr verlassen. (Vgl. Verhältnis, Bratkartoffel-, das) *niet.*

Bries

Das Bries ist die Thymusdrüse vom Kalb, die es braucht, um die Milch in zartes Fleisch umsetzen zu können. Je jünger das Kalb, desto größer das Bries, das als die feinste der Kalbsinnereien gilt. Was begehrt ist, hat viele Namen: Das Kalbsbries wird auch Kalbsmilch, Kalbsmilken, Mitter, Midder, Schweser oder Weißleber genannt. Es besteht aus einem runden Teil, der »Nuss«, und einem länglichen, dem »Hals«. Das Bries etwa fünf Stunden in mehrmals erneuertem kaltem Wasser wässern, bis es schön weiß ist. Dann setzt man es in kaltem Wasser auf und bringt es langsam zum Kochen. Kurz nach dem Aufwallen das Bries herausnehmen, das nun außen fest ist und das man jetzt putzen kann: Adern, Fett und Knorpel entfernen. Wer wohl geformte Briesscheiben haben will, der sollte es in diesem Zustand in ein Tuch wickeln, zwischen zwei Küchenbretter klemmen und ein Gewicht daraufstellen. Die Briesscheiben kann man in heißem Fett backen, panieren, grillen, spicken oder mit Zungenscheiben belegen. Etwas ganz »Schlichtes«: Kalbsbriesscheiben in Butter braten, mit Kalbsjus aufgießen und mit Trüffeln und Spargelspitzen garnieren. *hum*

Brotsuppe

Brotsuppe mit Leberwurst ist eine bayerische Spezialität, die nie den Sprung vom Land in die Stadt geschafft hat. Die aufgeschmalzte Brotsuppe, ebenso nahrhaft wie wohlschmeckend, war gerade gut genug für die armen Leute, die Fleisch und Wurst nur vom Geruch oder an hohen Feiertagen kannten. Die reicheren Bauern werteten das Arme-Leute-Essen auf, indem sie die Zwiebeln mit Rindssuppe angossen statt mit Wasser und eben frische Leberwürste in die Suppe legten. Ob auf dem Land oder in der Stadt: Brot bleibt in jedem Haushalt übrig. Warum nicht einmal etwas Altes neu ausprobieren? Für vier Personen brauchen wir etwa ein halbes Pfund Brotscheiben, zwei Zwiebeln, einen Löffel Butter, etwa eineinhalb Liter Fleischbrühe, vier frische Leberwürste, Salz und Pfeffer. Zwiebelringe in Butter anbraten (nicht zu dunkel werden lassen) und mit der Brühe angießen. Die Leberwürste in Wasser erhitzen; aufpassen, dass sie nicht platzen. In einen tiefen Suppenteller oder eine -schale das in dünne Scheiben geschnittene Brot legen, die Fleischsuppe mit den Zwiebeln darübergießen und zu jeder Portion eine heiße Leberwurst geben. Die Wurst wird dann in die Brühe ausgedrückt. Ein ideales Gericht zum Aufwärmen. *fein*

Bruschetta

Bruschetta (sprich: Brusketta) ist in Öl gebratenes Brot. Wäre es nur das, würde nicht so viel Gewese um dieses wohl einfachste Rezept der Mittelmeerküche gemacht. Soll eine Bruschetta oder auch das verwandte *Pan con tomate* der Katalanen Familie oder Gäste begeistern, müssen die Weißbrotscheiben mit sehr gutem Olivenöl richtig durchtränkt und knusprig gebraten werden. Darauf kommen in Würfel geschnittene, möglichst sonnengereifte Tomaten und zerdrückter Knoblauch. Salzen, pfeffern – fertig ist die Köstlichkeit. *fein*

Cappuccino

Kaffee mit Sahneturm; Lieblingsgetränk der Deutschen seit dem Ende des 20. Jahrhunderts; ursprünglich eine schlichte italienische Form des Kaffeegenusses: Schwarzer Kaffee wurde in einer großen Tasse mit heiß aufgeschäumter Milch übergossen und mit Kakao bestreut. Die Qualität eines Cappuccino wurde an der Dichte des aufliegenden Milchschaums gemessen. Die Sekunden, die vergingen, bis der Streuzucker sich bis zur Flüssigkeit vorgearbeitet hatte, waren entscheidend. Da diese braune Version des Espresso den milchigen Kaffee-Vorstellungen der Deutschen am nächsten kam, übernahmen sie den italienischen Begriff bald in ihren Wortschatz. Leider fehlten zu Hause die Maschinen um die Milch aufzuschäumen. So kam es zu der historischen Mutation: Statt Wasserdampf kam Treibgas zum Zug, statt Milchschaum wurde Schlagsahne auf den Kaffee gespritzt, statt eines sanften Polsters steht nun eine aggressiv gezackte weiße Zipfelmütze über der Tasse. Dabei hätten sich die Deutschen die ganze Aufregung mit dem ausländischen Wort ersparen können: Cappuccino heißt Kapuziner und unter diesem Namen stand das fetthaltige Getränk schon in den Haushaltsbüchern ihrer Großmütter. *most.*

Carpaccio

»Carpaccio, Vittore, einer der trefflichsten Meister der älteren Venetianischen Malerschule ...« (alter Brockhaus). Von Carpaccio, der italienischen Vorspeise, derzeit buchstäblich in aller Munde, in keinem Lexikon eine Spur. Carpaccio soll bestehen aus hauchdünnen, rohen Rindsfiletscheiben, Olivenöl, etwas Zitronensaft, Salz, eventuell Pfeffer. Um die Scheiben dünn genug zu kriegen, empfiehlt es sich, das Filet in leicht gefrorenem Zustand zu schneiden (nicht zu servieren). Verfeinert oder versaut – je nach Geschmack – kann Carpaccio werden durch Zugabe von Balsamico, geraspeltem Parmesan oder hauchfein gehobelten Trüffelscheiben.

In der letzten Zeit taucht immer öfter Carpaccio von Lachs, Kalb, Kaninchen, von Lamm, Hirsch oder Reh auf. Weiter so! Mit Antilopen-, Känguru- oder Warzenschweinfilets könnte ein neuer kulinarischer Höhepunkt erreicht werden. Eine Art russisches Salmonellen-Roulette. Als nächste und hoffentlich letzte Stufe käme dann folgerichtig Salmonellen-Carpaccio pur – ohne Umweg über das Wirtstier. *fein*

Champagner

Champagner ist, entgegen einer weit verbreiteten Ansicht, keine alkoholische Unterart der Gattung Limonade, sondern ein Wein. Das muss deshalb gesagt werden, weil selbst Menschen, die sich ansonsten viel auf ihren Weinverstand zugute halten, beim sog. Schampus oft ganz unkritisch den Korken knallen lassen. Auch hier fördert Basiswissen den Genuss. Also: Schaumwein lässt sich mit drei Methoden herstellen. Entweder man versetzt normalen Tafelwein simpel mit Kohlensäure (das ergibt ein Gesöff und kein Getränk) oder man lässt den normal vergorenen Wein unter Zusatz von Zucker und Hefe in großen Tanks ein zweites Mal gären (so entstehen die meisten – in Deutschland »Sekt« genannten – Qualitätsschaumweine) oder man bringt den Wein zur zweiten Gärung, nachdem er bereits in Flaschen abgefüllt ist.

Ein auf diese Art (*méthode champénoise*) behandelter Wein darf allerdings nur dann Champagner heißen, wenn er wirklich in der Champagne aus den dafür bestimmten Traubensorten hergestellt wird; deren beste ist die weiße Chardonnay. Normalerweise wird der für die Champagnerzubereitung verwendete Wein, um einen gleich bleibenden Geschmack zu erhalten, aus mehreren Sorten und Jahrgängen zur so genannten *Cuvée* verschnitten; die anspruchsvollsten Champagner entstehen jedoch aus reinen Jahrgangsweinen und heißen dann *champagnes millésimés*. *seid*

Charlotte

Charlotte russe oder Charlottka war die Zarin der Desserts im alten Russland. Erfunden wurde sie von einem Franzosen: Antoine Carême, Koch am Hofe Alexanders I. Carême sollte für einen speziellen Gast des Zaren eine spezielle Nachspeise erfinden. Weil ihm in der Kürze der Zeit nichts Neues einfiel, taufte er ein Dessert, das er seinerzeit für Charlotte von England kreiert hatte, in *Charlotte russe* um. Zur Charlottka wird eine Springform mit Löffelbiskuits ausgelegt und mit einer Eier-Sahne-Creme aufgefüllt. Die fertige Charlotte wird mit Kirschen oder Himbeeren verziert. Besonders gut schmeckt sie, wenn auch die Eiercreme mit Früchten angereichert ist. Dass die Charlottka das Zarenreich überlebt hat, soll Lenins Verdienst sein. Er servierte sie auf seinen Agitationsreisen und lehrte die einfachen Leute an ihrem Beispiel, das Gute zu bewahren und das Schlechte zu verändern.

Die warme Charlotte wird gebacken. Da kommen die Früchte in einen Rand aus Zuckerteig oder entrindetem Brot. Als Dekoration schmecken Sahne, Vanillesauce, Fruchtmark oder ganze Früchte gleich gut. Ob kalt oder warm – die Herstellung der herrlich schmelzenden Speise erfordert allerdings Geduld. *fein*

Chili

Chilis sind genau das richtige Mittel, um jenen Helden der Kochkunst das Handwerk zu legen, die den Charakter eines Aromas mit dessen Stärke verwechseln und deshalb beim Würzen grundsätzlich nach der Devise »je mehr, desto besser« vorgehen. Die schärfsten Chili-Früchte (botanisch gesehen sind es an buschigen Sträuchern wachsende Beeren) unter den fast 200 Sorten sind die kleinen, sehr schmalen, von dunkelrot bis fast schwarz changierenden Schoten, die im vollreifen Zustand getrocknet oder eingelegt wurden: Mit einem einzigen solchen Exemplar kann man ein beliebiges Suppen- oder Eintopfgericht für acht Personen mühelos ungenießbar machen. Den Gästen aber werden die Augen tränen und die Kehlen brennen, bevor sie das scharfe Unheil überhaupt realisiert haben. Denn merke: Chili kommt bös nach – mit einer knappen, aber umso fataleren Verzögerung. Wer es bei genießbarer Schärfe lassen will, muss entweder ganz knapp dosieren oder zu den harmloseren, also den helleren, den nicht konservierten und den größeren Sorten greifen und dabei – ganz wichtig – die besonders scharfen weißen Samenkerne vorher entfernen. In jedem Fall gilt es nach der Kontaktaufnahme mit der heißen Schote auf keinen Fall den Mund oder die Augen zu berühren. Besonders Sensible greifen zum Gummihandschuh. *seid*

Cocktail

Im Wein liegt die Wahrheit, im Cocktail der Traum. Die bunten Mixgetränke, hinter holzgetäfelter Bar gerührt oder geschüttelt, haben manche träumerische Fantasie aus ihren Alkoholnebeln steigen lassen. Etwa die Schöpfungslegende des Cocktails: Vor hundert Jahren, so erzählt der Barmann (schon bei den Azteken lallten die Gäste, die bereits an ein paar Margaritas mehr genippt hatten), war es in Amerika (wo sonst?) Sitte, nach dem Hahnenkampf die Schwanzfedern (engl.: *tail*) des besiegten Gockels (engl.: *cock*) dem Sieger zu überreichen – und zur Feier alle möglichen Schnäpse zusammenzuschütten. Letzteres geschieht im Prinzip noch immer – nur dass der Barmann, der auf sich hält, zwischen dem ABC-Drink und dem Zombie-Cocktail noch hunderte von Rezepten aus seinem Shaker zaubern können muss – nur nicht den explosiven Molotow-Cocktail. *gud*

Confit

Confit (franz.: eingekocht, eingemacht, eingeweckt) ist im eigenen Fett gegartes und darin konserviertes Enten- oder Gänsefleisch. Im Südwesten Frankreichs, aber auch in einigen Ecken der Normandie und der Bretagne, wo riesige Enten- und Gänseherden aufgezogen werden, wird deren Fleisch in Steinguttöpfen eingemacht. Früher wurde das Geflügel nur im November und Dezember geschlachtet und musste dann für das ganze Jahr reichen, ähnlich wie bei unseren Bauern das Geselchte.

Zum Confit die Fettstücke aus dem Inneren der Enten oder Gänse entfernen, die Tiere vierteln, gut salzen und über Nacht kühl stellen. Das Fett langsam auslassen und, solange es noch lauwarm ist, die Fleischstücke samt Gewürzen (Knoblauch, Pfefferkörner, Nelken) einlegen. Mehrere Stunden bei niedriger Temperatur garen. Danach die Knochen entfernen (Keulen ganz lassen) und das Fleisch mit dem geschmolzenen Fett in einen Steinguttopf füllen. Wichtig ist, dass das Fleisch völlig vom Fett eingeschlossen ist; es darf das Steingut nicht berühren und keine Luft bekommen. Mit einer Schicht Schweinefett abschließen, mit Pergamentpapier bedecken und mit doppeltem Pergament zubinden. Das Confit wird kalt oder warm – angebraten oder in Eintöpfen (Cassoulet!) – gegessen. Das ist das klassische Rezept. Im kleinen Haushalt kann man Stücke von Gans oder Ente vorsichtig im Schmalz garen und alsbald verzehren. Das Fett wird in beiden Fällen als Brotaufstrich verwendet. *fein*

Coulis

Coulis wird von unserem französisch-deutschen Handwörterbuch mit »durchgeseihte Kraftbrühe« übersetzt. Das ist insofern etwas überraschend, als das Coulis eben kein dünnflüssiger Saft ist, sondern seiner Konsistenz nach ein Mittelding zwischen Saft und Püree. Man muss wiederum nicht so weit gehen wie das erwähnte Wörterbuch, das als einzige Alternative zur Kraftbrühe noch ein *coulis de ciment* (deutsch: »dünnflüssiger Zement«) anbietet. Ansonsten lässt sich aus fast allem ein Coulis bereiten – und die auf Insider-Vokabular stets scharfen Köche unserer Tage lassen kaum etwas aus. Das Angebot reicht vom ordinären Fleisch-, Fisch- oder Geflügel-Coulis als Grundlage für Suppen und Saucen über sämige Schalentier-Coulis, mit denen pochierte Fischgerichte überzogen werden, bis zum Himbeer- oder Johannisbeer-Coulis als kontrastreiche Garnitur für farblose Obstprodukte. *seid*

Couscous

Couscous ist das beliebteste Gericht Tunesiens, Algeriens und Marokkos. Für 6 Personen 700 g Rinderbug oder Lamm in kleine Würfel schneiden. Diese zusammen mit 250 g klein geschnittenen Zwiebeln, 200 g Tomatenmark, 200 g am Tag zuvor in Wasser eingeweichten Kichererbsen, 2 Esslöffeln Olivenöl, Salz und Pfeffer in einem hohen Topf unter Zugabe von $^1/_8$ l Wasser bei milder Hitze unter häufigem Rühren ca. 15 Min. schmoren lassen. Danach 500 g Kürbis, 200 g Kartoffeln, 250 g Zucchini, 300 g Karotten in Würfel schneiden. Das Gemüse und so viel Wasser zufügen, dass Fleisch und Gemüse knapp bedeckt sind. 750 g Couscous (Hirsegrieß) mit lauwarmem Wasser aufquellen lassen, in den durchlöcherten Couscous-Einsatz geben und ca. 20 Min. über der Schmorflüssigkeit dämpfen lassen. Den Vorgang wiederholen, bis das Couscous weich, aber körnig ist.

Den Hirsegrieß-Couscous auf eine große Platte häufen und mit Fleisch und Gemüse umlegen. Die Sauce gesondert dazu reichen. Ein Tipp: Nach dem Couscous eine *siesta* einplanen!

Bs.

Crêpes

Crêpes isst der Deutsche, seit ihm Pfannkuchen nicht mehr gut genug sind. Dabei ist die so fein französelnde crêpe so ziemlich das Gleiche wie der gute, alte kakanische Palatschinken – nur viel dünner. Hauchdünn nämlich gießt der französische Pfannkuchenbäcker den cremigen, aus Mehl, Ei und Milch gerührten Teig in eine fettbestrichene Pfanne mit abfallenden Rändern, hoch unter die Küchendecke schleudert er den Teig-Frisbee um ihn zu wenden. In zwei Minuten ist alles fertig. Achtung, Ehrgeizlinge! Hier erst beginnt der Pfad der Sünde: Nein, es ist absolut nicht nötig, jeden Pfannkuchen niederzuflambieren. Und man muss auch nicht jeden Teller rund um die crêpe mit Zuckerstaub pudern – auf Porzellan pur schmeckt's besser. *gud*

Cumberlandsauce

Für die Cumberlandsauce fand der Brockhaus des Jahres 1929 im prophetischen Weitblick auf die kommende Fabrikation zahlloser Ketchup-Derivate das Wort Tunke. Aus Johannisbeergelee, Orangensaft und -schalen, Senf, Öl, Rot- oder Portwein – und das nicht zu wenig –, Schalotten, ein wenig Ingwer oder Cayennepfeffer entsteht das dickflüssig scharfe Kompott zu Wild, Pasteten, Geflügel. Die Cumberlandsauce hat dem Namen der Herzöge von Cumberland und der englischen Küche zu bleibenden Ehren verholfen, wenn es wirklich Wilhelm August von Cumberland, ein Sohn König Georgs II. von England war, der sie von seinem Koch gereicht bekam. Manche Historiker schreiben sie nämlich deutschen Tunkenerfindern zu, die im Gmundener Exil von Ernst-August von Cumberland zu Braunschweig-Lüneburg – einem Sohn König Georgs V. von Hannover – Ribiseln gezupft haben sollen. Am wahrscheinlichsten aber ist die Theorie, dass die Marketenderin des Richard Löwenherz auf den Kreuzzügen in türkische und hamidische Töpfe geschaut hat und später in Cumbria demonstrierte, dass sich auch überständiges Wildbret mit der alkohol-scharfen Zutat als Delikatesse servieren lässt.

hum

Curry

Curry wächst, einer immer noch verbreiteten Ansicht entgegen, nicht auf dem hinterindischen Currystrauch. Vielmehr ist Curry erstens die Bezeichnung für eine bestimmte Gattung von Gewürzmischungen, zweitens der Sammelname für saucenreiche Fleisch-, Fisch- oder Gemüsegerichte, bei deren Zubereitung einzelne der in diesen Mischungen enthaltenen 12 bis 20 Gewürze Verwendung finden. Um nur die wichtigsten Ingredienzen zu nennen: Cayennepfeffer, Nelken, Ingwer, Muskatnuss und -blüte (Letztere heißt auch Macis), Koriander, Kreuzkümmel (die getrockneten Samenkörner einer Petersilienabart), Kurkuma (oder Gelbwurz), Kardamom (die Frucht einer dem Ingwer verwandten Pflanze), Piment, Zimt und Paprika. Statt fertiges Currypulver zu kaufen, kann man seine individuelle Mischung leicht selbst im Mörser herstellen – das macht sehr viel mehr Spaß. *seid*

Döner kebab

Döner lautet das türkische Wort für »sich drehend«, *Kebabetmek* das für »an Spießen bratend«. Also ist ein *Döner kebab* nichts anderes als ein Braten vom Drehspieß. Um das zu erkennen, muss allerdings niemand des Türkischen mächtig sein. Überall, in Istanbul, Münchens Westend und Penzberg, drehen sich die Fleischtürme in den türkischen Imbissen, von denen der Wirt jene Stücke absäbelt, die dann, zusammen mit Salat, Knoblauchsoße und reichlich Zwiebeln in ein Fladenbrot gestopft, als Inbegriff nahöstlicher Schnellkost gelten. Dabei geht es gar nicht so schnell mit der Zubereitung: Mindestens einen ganzen Tag sollten die Scheiben vom Lamm (oder manchmal auch Kalb) in einer Marinade gelegen haben. Bei deren Würzung zeigen sich Meisterschaft und Fantasie des Spießbraters. Danach stapelt er das marinierte Fleisch nur noch auf den Drehspieß und dann geht alles automatisch. In Griechenland übrigens, wo's auch Schwein sein darf, nennt man das Gleiche *Gyros*; das heißt (Entschuldigung, ihr Griechen und Türken, die ihr euch nicht ausstehen könnt): Natürlich sind das zwei grundverschiedene Dinge.

gud

Dressing

Ein Dressing soll, wie es des Wortes Herkunft nahe legt, kleiden (engl.: *to dress*): als Würzmischung für Bratenfüllungen Geflügel von innen, vor allem aber als Salatdressing allerlei gesundes Grünzeug von außen. Dabei will es besonders eines nicht sein: eine schlichte Salatsauce. Nein, ein Dressing schmückt sich hierzulande mit weltgewandten Beiworten wie *French*, *Italian* oder *Thousand Islands* – und hat dabei meist wenig zu tun mit der Küche Frankreichs, Italiens oder gar aller tausend Inseln, sondern mehr mit Geschmacksverstärkern und Konservierungsstoffen: Ein Dressing ist Konfektion, kommt gewissermaßen von der Stange, fertig aus der Flasche. Was unsereins daheim aus Essig, Öl, Pfeffer, Salz und Zucker zusammenrührt, ist immerhin maßgeschneidert: eine einfache Salatsauce. *gud*

Eiswein

Eiswein ist nicht das, was übrig bleibt, wenn eine Weinflasche bei Kälte draußen vergessen wurde, auch nicht Wein *on the rocks*, wie er in Amerika oft getrunken wird. Eiswein entsteht, wenn die Trauben gefroren (mindestens sieben Grad minus) geerntet und rasch, ehe das durch den Frost gebundene Wasser wieder flüssig wird, gekeltert werden. Dadurch erhält man wenig Most mit hoher Konzentration von Aromastoffen, Zucker und Säure. Erfahrungen mit Eiswein machten schon – wie könnte es anders sein – die Römer, wahrscheinlich eher unfreiwillig. Auch die deutschen Eisweine, der Erste soll ein 1829er aus Dromersheim bei Bingen gewesen sein, waren wohl eher Zufallsprodukte. Das heiße Geschäft mit den kalten Trauben begann erst etwa ein Jahrhundert später. Hohe Gewinnspannen ließen clevere Geschäftsleute nicht kalt. Mit Trockeneis und anderen Tricks versuchten sie auch normale Jahrgänge zu Eiswein aufzumotzen. Seit 1982 dürfen Eisweine nur noch aus gefrorenen Trauben gekeltert werden und müssen das für das Prädikat Beerenauslese geforderte Mindestmostgewicht von 100 bis 128° Oechsle aufweisen. Einen Rekordpreis erzielte der 83er Eiswein von Egon Müller-Schwarzof: pro Flasche 1488,40 Mark! *fein*

Fasan

Der Fasan hat den Menschen immer viel zu gut geschmeckt. Aus der Kolchis, dem Land des Goldenen Vlieses, haben sie den Hühnervogel darum geholt, ihn gelehrt *Phasianus colchicus* genannt und in Europa heimisch gemacht, allein mit dem bösen Hintergedanken ihn zu jagen – und zu essen. Etwa auf die Art, wie es Frankreichs Genussprophet Anthelme Brillat-Savarin am liebsten tat: nach Art der Heiligen Allianz gefüllt mit Wachtelfleisch, Ochsenmark, Speck und Trüffeln, mit Speck umwickelt, auf ein mit einer Farce aus Wachtelinnereien, Sardellen und Trüffeln bestrichenes Brot gelegt und mit Orangen garniert. Wundert's wen, dass g'schleckige Jäger den schmackhaften Vogel etwas zu oft schossen? Überdies hatte dem Fasan die Zerstörung der Wälder und die Industrialisierung der Felder schwer zugesetzt. Heutzutage jedenfalls kommt das, was sich als Fasan verkauft, meist den Weg fast allen massenhaft nachgefragten Vogelfleisches: als Zuchtvieh vom Geflügelhof. *gud*

Fischsauce/Naam pbla

Wesentlicher Bestandteil der thailändischen Küche ist Naam pbla, das auch das »Salz der Thailänder« genannt wird. Es ersetzt die kleinen weißen Natriumchlorid-Kristalle, die hierzulande den Blutdruck hochtreiben. Das Hauptelement ist ein kleiner, anchovisartiger Fisch, der hauptsächlich im Golf von Siam beheimatet ist. Böse Zungen behaupten, dass ihn die Hersteller sieben Monate lang verwesen lassen, bevor die abgesonderte Flüssigkeit, reichlich mit Salz versehen und selbstverständlich filtriert, in Flaschen abgefüllt wird. Objektivere Befunde sprechen freilich von »Fermentierung«. So oder so: Der Geruch dieser dünnflüssigen braunen Sauce erinnert nicht an die Lotosblume.

punt

Folienkartoffel

Folienkartoffeln sind unter den Amerikanismen nicht der schlechteste: Immerhin ist bei dieser Zubereitungsart gesichert, dass die Nährstoffe der Knolle – und sie steckt voll davon! – erhalten bleiben. Man wäscht dicke, am besten mehlige Kartoffeln gründlich und wickelt sie locker in Alufolie, die man vorher mit Öl bestrichen hat. Die Garzeit in der Glut oder im Ofen (220 Grad, bei Gas Stufe 5) beträgt, je nach Größe, zwischen 40 und 50 Minuten. Danach klappt man die Folie herunter. Um die Kartoffel zu füllen, höhlt man sie entweder ein wenig aus oder man zerteilt sie kreuzförmig. Beliebteste Füllung ist Sauerrahm mit Schnittlauch, eventuell gekrönt mit ausgelassenen Speckwürfeln. Die Kartoffel leidet aber auch andere Kombinationen, etwa Sahnequark mit gehackter Zwiebel und Schnittlauch, gerollte Heringsfilets mit Kräuterbutter oder aber Krabben, die man auf ein Gemisch aus Butter, zerdrücktem (hartgekochtem) Eigelb und Senfmehl legt. Gesund ist das alles, unheimlich gesund. Wer sich freilich als Kind seine Erdäpfel auf freiem Feld gebraten hat, wird in der Folienkartoffel immer so etwas wie einen windigen Parvenü sehen. *kaj*

Frikadelle

Wenn der Berliner von ’ner Bulette schwärmt, meint er den gleichen Fleischklops, den der Münchner hochdeutsch Fleischpflanzl nennt – oder richtiger Fleischpfanzl, da man das Pf(l)anzl in einer Pfanne brät. Achtung, Hamburger aus Hamburg! Wir sprechen gerade von jenen Hackfleischklößen, die bei euch Frikadellen oder Frikandellen, kurz Dellen, heißen. Achtung, Hamburger aus McAmerika! Ihr faden Rindsbratlinge habt mit einem echten Pfanzl nichts gemein. Ein echtes Pfanzl nämlich ist eine Delikatesse. Wir schlagen nach bei Kochpapst Witzigmann: Kalbshack, Schweinehack, gekochter Schinken, Schinkenspeck, eine Semmel von gestern, Eier, Knoblauchzehe, Petersilie, Majoran, Salz und Pfeffer – damit macht der sternbekränzte Haute Cuisinier nichts anderes als der Imbissbudenbesitzer mit seinen weniger edlen Zutaten: zusammenmanschen, Klopse formen, braten. Der Hackfleischmansch lässt sich natürlich auch ganz anders würzen – und beliebig strecken: mit Semmeln, Soja und Holzwolle. Das ist am Imbissstandl allerdings ebenso verboten wie die kontrollierende Polizistin mit dem Kosenamen »Bullette« zu rufen. *gud*

Fugu/Kugelfisch

Gestern Abend habe ich Fugu gegessen.
Mit einem Freund.
Heute trage ich seinen Sarg.

Dieser japanische Haiku besingt einen Fisch, der (laut Aussagen von Überlebenden) so langweilig-harmlos schmecke wie Batterie-Huhn. Nicht ganz so harmlos ist das mörderische Gift Tetrodoxin, das sich in der Leber und in den Geschlechtsorganen des Kugelfisches befindet. Es ist die besondere Heimtücke dieses Giftes, dass es den Sauerstoffaustausch blockiert und Muskeln lähmt, ohne dabei das Gehirn zu beeinträchtigen: Das Opfer hat dabei den unwiederholbaren »Genuss«, mit klarem Bewusstsein mitzuerleben, wie sein Körper langsam dahinstirbt. Doch gerade dieses selbstmörderische Risiko scheint jeden Winter Japaner in die Fugu-Restaurants zu treiben; für den Nervenkitzel legen sie Summen auf den Tisch, die eine normale Familie eine ganze Woche lang ernähren könnten. Das Spiel mit dem Leben und Tod ist so teuer, weil der Fisch besonders rar ist und außerdem nur staatlich geprüfte Köche nach langer Anlernzeit mit ihm hantieren dürfen. Immerhin: Seit dem Höhepunkt von 36 Toten im Jahre 1974 sterben jetzt im Jahr nur noch etwa zehn Japaner den Fugu-Tod. *punt*

Gänseleber

Gänseleber – kurz gebraten oder in milder Pastete – welche Köstlichkeit! Es gibt aber einen Nachteil: Jede Gans liefert nur eine Leber und die wiegt dann lächerliche 80 oder 100 Gramm. Der Mensch, unersättlich und mit teuflischer Erfindungsgabe ausgestattet, machte sich schon im Altertum die Fresslust der Gänse zunutze und begann sie mit Feigen, Datteln und Honig so lange zu überfüttern, bis die begehrten Lebern ein Vielfaches ihrer Normalgröße erreichten.

In Frankreich – später auch in anderen Ländern – wurde die »Gavage«, die Zwangsfütterung, immer »perfekter«. Im 19. Jahrhundert nagelte man den armen Viechern die Füße auf einem Brett fest und stach ihnen die Augen aus, damit sie ja nicht vom Fettwerden abgelenkt wurden. Heute wird der Gans mittels automatischer Dosiermaschinen Mais oder Maisbrei in den Schlund gepresst in einer Menge, die beim Menschen etwa einer Tagesration von 17 Kilo Spaghetti entspräche. Diese brutale Prozedur ergibt dann die Stopfleber, bis zu 1000 Gramm schwer: krankes, gedunsenes Gewebe, das auch heute noch viele Feinschmecker, trotz ihres Wissens um die Tierquälerei, teuer bezahlen. In Deutschland ist das Stopfen seit über 50 Jahren verboten, die Einfuhr aber, nach dem unerforschlichen Beschluss der Gesetzgeber, weiterhin erlaubt. Guten Appetit! *fein*

Gimlet

Im Gimlet strömen Gin und Limettensaft zum hochgeistigen Zeitgeist zusammen. Wenn es denn ein richtiger Gimlet ist. »Was die hier einen Gimlet nennen, ist einfach Zitronen- oder Limettensaft mit Gin und einem Schuss Zucker und Bitters«, sagt Terry Lennox zu Philip Marlowe, als beide gerade in Victor's Bar ihre Mannbarkeit mit Hilfe des harten Drinks beweisen; »richtiger Gimlet besteht zur einen Hälfte aus Gin und zur anderen aus Roses Limettensaft und aus sonst nichts. Aber das schlägt sämtliche Martinis haushoch.« (Vgl.: Chandler, Raymond: Der lange Abschied. Zürich 1975, Seite 20) So trinken ihn also die harten Barwölfe an den Tresen der Städte und wollen dabei alle Marlowe sein. Manchen ist der Gimlet klassisch zu süß. Dann darf der Barmann den sechs Teilen Gin und den vier Teilen Limettensaft auch zwei Teile (frisch gepressten) Zitronensaft hinzumixen. Aber Achtung, Huldiger der Moden! Verboten, ich wiederhole: Verboten ist es, Wodka in das Urgetränk der kapitalistischen Großstadtdschungel Amerikas zu geben. *gud*

Grappa

Grappa ist die italienische Bezeichnung für Tresterbranntwein und Trester heißen die Rückstände von Traubenschalen, -stielen und -kernen, die nach dem Keltern in zermanschter Form übrig bleiben. Jeder Winzer, der auf sich hält, verarbeitet seinen Trester zu Schnaps weiter – und jeder Genießer, der auf sich hält, bevorzugt eine ganz bestimmte Variante dieses Getränks. Die Wissenschaft lehrt, dass Tresterbranntweine sehr viel Fuselöl (das heißt wirklich so!) enthalten. Geschmacksbildend wirken neben dem Ausgangsmaterial (besonders edle Grappa werden neuerdings aus ganzen Trauben statt aus Trester gebrannt) manchmal auch ätherische Öle, die nach dem Brennen noch hinzugegeben werden; die machen den Grappa dann besonders süffig und den Schädel am anderen Morgen besonders schwer.

seid

Griebenschmalz

Griebenschmalz ist eigentlich ein »Abfallprodukt«: Wenn man rohen, gewürfelten Schweinespeck »auslässt«, um Schweineschmalz zu gewinnen, dann bilden sich diese gelbbraunen, knusprigen Überbleibsel, die Grieben oder Grammeln. Die kann man sowohl als Füllung für Grammelknödel verwenden als auch im Schweineschmalz belassen, womit dieses schon zum Griebenschmalz umfunktioniert wäre, freilich zur einfachsten Form. Wenn Sie von vornherein darauf aus sind, den Speck in Griebenschmalz zu verwandeln, warten Sie den Augenblick ab, bis die Grieben in der Pfanne gelblich werden, und geben dann eine fein geriebene Zwiebel und kleine geschälte Apfelstücke dazu. Wenn die Grieben knusprig braun sind, rasch vom Feuer damit und nach leichter Abkühlung in ein Tongefäß.

op

Grünkohl

Grünkohl braucht etwas, das vielen anderen Gemüsesorten nicht gut bekommt: Frost. Er schmeckt nur dann, wenn er den ersten Frost »erwischt« hat, denn dieser unangenehme Geselle setzt erst die würzigen Geschmacksstoffe frei. Grünkohl, der auch Braunkohl, Krauskohl oder Blätterkohl heißt, war bis vor wenigen Jahren weitgehend eine nord- und westdeutsche Spezialität. Aber jetzt ist er auch den Bayern nicht mehr fremd – was Wunder, wird er doch mit deftigen Beigaben kombiniert. In der Art ihres Wuchses erinnern die kräftigen, tiefgrünen Stängel an eine exotische Pflanze, weswegen Grünkohl in einem seiner Hauptanbaugebiete auch »Oldenburger Palme« genannt wird. Die Zubereitung ist, allen Gerüchten zum Trotz, einfach: Aus den Blättern die harten Rippen herausnehmen, den Kohl ins kochende Salzwasser geben, bis die Blätter zusammenfallen, hacken, in reichlich Fett schmoren – Schweine- oder Gänseschmalz sind gut geeignet – und mit scharfem Senf servieren. Aufwärmen kann man ihn beliebig oft, er schmeckt von Mal zu Mal herzhafter. Ein Klassiker in Norddeutschland ist »Grünkohl mit Pinkel«. Pinkel ist eine Wurst, die Grütze enthält. Aber auch ein geräuchertes Schweinsbackerl schmeckt hervorragend zur »Oldenburger Palme«. *op*

Guacamole

Guacamole ist das, was man auf Neudeutsch Dip nennt, also eine breiartige Sauce. Avocados und Tomaten bilden die Grundlagen. Das ist erst einmal recht fad; den richtigen Pfiff kriegt die Guacamole erst mit den Gewürzen. Das Endergebnis kann dann von mild-säuerlich bis höllenscharf ausfallen. Was wir hierzulande als Guacamole aufgetischt bekommen, würde man in Mexiko vermutlich – vielleicht leicht nachgeschärft – den Kindern in der Nuckelflasche verfüttern. Guacamole isst man mit Tortillas und all ihren Verwandten wie Tacos, Tostadas, Totopos, Nachos, Enchilladas. Zubereitung: Zwei reife Avocados schälen, halbieren, den Stein mit der Messerspitze herausheben. Das Fruchtfleisch mit einer Gabel zu einem glatten Brei zerdrücken. Dazu gibt man eine kleine, fein geschnittene Zwiebel, eine grob zerhackte, geschälte und entkernte Tomate, Salz, einen Esslöffel frischer, gehackter Korianderblätter (evtl. Petersilie) und sehr fein gewiegte Chilis. Alles wird sorgsam verrührt und abgeschmeckt. Legt man den Kern in die Sauce, verfärbt sie sich nicht beim Aufbewahren. Ob Himmel oder Hölle hängt von Sorte und Menge der Chilis ab. Vorsicht ist angebracht sowohl beim Abschmecken als auch beim Zubereiten. *fein*

Hamburger

Warum der Hamburger Hamburger heißt? Die Hansestädter gleichen Namens sind selber schuld an der zweifelhaften Ehre, die Taufpaten des viel geschmähten Fleischklopses zu sein: Der H. heißt nämlich H., weil er – wer hätt's gedacht? – aus HH kommt. Norddeutsche Auswanderer brachten den Bratling zusammen mit Labskaus um 1850 aus Hamburg nach Amerika. Der Hamburger aber begann eine beispiellose Karriere. Er wurde *der* Kulturträger Amerikas. »Die Bedeutung des H. in der amerikanischen Populärkultur des 20. Jahrhunderts«, muss die ›Encyclopedia Britannica‹ heute feststellen, »wird durch seine schiere Allgegenwart auf Hinterhofgrillfesten und Speisekarten und die Verbreitung so genannter *Fastfood*-H.-Restaurants gekennzeichnet«. Und, so ist anzufügen, dadurch, dass das amerikanische Landwirtschaftsministerium gesetzlich verfügt hat, wann ein Fleischpflanzl sich H. nennen darf: Nur wenn es aus reinem frischen Rindfleisch besteht und nicht mehr als 30 Prozent Fett enthält, nur dann darf es, mit Senf, Ketchup, Mayo und anderen fleckenträchtigen Ingredienzen zwischen zwei Weichsemmelhälften gebatzt, als echter H. verkauft werden. Ganz echte Hamburger essen dann doch lieber Labskaus. *gud*

Handy

Das Handy, genauer: das Mobil-Telefon, darf heute auf keinem Restaurant-Tisch fehlen, an dem sich mittelwichtige Menschen zur Nahrungsaufnahme versammeln. Es besteht aus Plastik und Chips und wiegt im rohen Zustand um die 200 Gramm. Nur Spießer behalten es in der Tasche; der Selbstbewusste legt es links vom Gedeck ab. Dort wird es kurz nach der Vorspeise klingeln. Elegant lässt man die Gabel aus der Hand gleiten, blickt dem Vis-à-vis starr ins Gesicht und fängt an, mit verdoppelter Lautstärke ins Mikrofon zu plaudern. Propere Etikette von den Mit-Essern verlangt nach Gesprächsende eine animierte Unterhaltung über Preise, Batterie-Leben und die Vor- und Nachteile von D-1, D-2 etc. Als absolut boykottwürdig gelten jene Gastwirte, welche die Damen und Herren Gäste bitten, ihre Handys beim Eintritt wie weiland die Colts im Saloon an der Garderobe abzugeben.

punt

Hechtklößchen

Quenelles de brochet: Klößchen aus einem filetierten Hecht, püriert mit Eiern, Butter und Sahne, waren einer der Köder, mit denen die deutschen Barbaren von ihren Knödel- und Eisbeinbäumen weg zur französischen Küche gelockt wurden. Staunend und bewundernd berichteten erste Kundschafter von schaumig-leichten Nockerln in duftender rosa Krebssauce oder in einem weißen Hauch, genannt *Sauce beurre blanc*. Aber sie brachten auch wahre Schreckensgeschichten mit über die unendlich schwierige und geheimnisvolle Zubereitung der kleinen Wunderklöße. Den großen deutschen Küchenalchimisten Wolfram Life und Time Siebeck aber konnten die trickreichen Franzosen nicht lange etwas vorpürieren. Schnell hatten sie das Geheimnis entschlüsselt und ihren dankbaren Lesern und -innen weitergeflüstert. Seit der Zeit kann auch jede deutsche Hausfrau am Freitag ihren Lieben statt Fischstäbchen mit Ketchup – Quenelles de brochet vorsetzen. *fein*

Hirn

Hirn zu essen erhöht den Intelligenzquotienten; das ist natürlich Unsinn. Wahr ist aber, dass die Zubereitung von Hirn (am besten schmeckt Kalbs-, man kann aber auch Schweinshirn nehmen) viel Fingerspitzengefühl braucht. Es muss nämlich sauber »geputzt« werden, sonst ist es keine Delikatesse: erst einige Stunden wässern, wobei man das Wasser mehrmals erneuern sollte. Schließlich legt man es in warmes Wasser und zieht dann die feine Haut ab, die es umgibt. Es ist vor allem darauf zu achten, dass man die blutunterlaufenen Stellen entfernt, weil die beim Backen oder Rösten schwarz werden. Zum Backen zerpflückt man das Hirn in Röschen oder schneidet es in Scheiben, die man paniert und sofort in heißem Fett herausbäckt. Zum Rösten hackt man es grob. Man kann es auch mit Ei vermischt rösten. (Bitte absolut heiß servieren, sonst schmeckt es fade!) Für die Hirnsuppe hackt man es ganz fein und gibt es in die Kalbsknochensuppe, mit der man eine leichte Mehlschwitze aufgegossen hat. Damit's nicht zu dünn wird, legiert man die Suppe noch mit Eidotter und Sahne.

op

Hochzeitssuppe

Die Hochzeitssuppe wird dann serviert, wenn es kein Zurück mehr gibt: nach dem Jawort des Brautpaares, zu Beginn des festlichen Hochzeitsmahles. Das Rezept stammt unverkennbar aus den Zeiten, als eine Hochzeit einer der wenigen Anlässe war, bei denen sich jeder – egal welcher Gesellschaftsschicht er angehörte – einmal nach Herzenslust so richtig satt essen konnte. Das entscheidende Wort bei der Beschreibung dieser Suppe ist deswegen »mehrere« – mehrere Einlagen nämlich. Grundlage ist eine klare, kräftige Fleischbrühe und die kann »aufgebessert« werden mit Leberknödeln, Leberspätzle, Grießnockerln, Bratnockerln, Pfannkuchenstreifen, Backerbsen, kleinen Maultaschen, Nudeln, aber auch mit etwas feinerem »Zusatz« wie Markklößchen oder Eierstich. Rindfleischstücke passen in die Hochzeitssuppe ebenso gut wie solche vom Huhn. In vielen Gegenden Deutschlands, vor allem im Süden, wird sie nicht nur zur Hochzeit, sondern zu allen hohen Festtagen aufgetragen. Und weil im Menschenleben Freud und Leid so nahe beieinander sind, gibt sie's auch zum Leichenschmaus. *op*

Hummersuppe

Die Hummersuppe zerfällt heutzutage in die Hummercrèmesuppe und die Hummerrahmsuppe – und wenn schlampige Speisekartenautoren das gerne verwechseln, so müssen wir uns dem noch lange nicht anschließen. Die Hummerrahmsuppe entsteht durch simples Kochen von Hummer in möglichst wenig Wasser mit Suppengemüse (kräftige Aromen vermeiden!). Kochzeit pro Pfund Hummer knapp 20 Minuten. Am Schluss kommt der Hummer heraus und die Sahne hinein: fertig. Eine gute Hummerrahmsuppe, sagt der Spezialist, sei jederzeit köstlich; köstlicher aber sei eine gute Hummercrèmesuppe. Alle, die jetzt darauf warten, dass wir den Tierquäler herauslassen, müssen wir enttäuschen. Statt den Hummer lebendig ins kochende Wasser zu werfen oder gar, wie es das klassische Rezept für die *bisque de homard* erfordert, anschließend im Fleisch des Tieres herumzuwühlen, flüchten wir zu einer ebenso spröden wie sanften Alternative und verwenden nur die Schale (ohne Schwanzflossen und Bauchfühler): gründlich waschen und zerkleinern, gut 20 Minuten mit Fischfond (pro Gesamtschale höchstens ein Viertelliter), viel Butter, wenig Salz und wenig Knoblauch kochen, mit einem Achtel Portwein oder Sherry und einem Achtel Weißwein aufgießen und schließlich vehement reduzieren. Die Reduktion wird durch ein Sieb passiert; dazu zwei im Wasserbad hübsch vorsichtig mit einem Becher Sahne verrührte Eigelb gießen – und die pseudovegetarische Hummercrèmesuppe ist fertig.

seid

Humm(o)us

Vorsicht! Sünde! – Aber ein himmlisches Breichen ist dieser wunderbare Bestandteil orientalischer Vorspeisenplatten. Wer die nicht gerade appetitanregend aussehende beige Paste einmal gekostet hat, wird süchtig danach. Jede Hausfrau hat ihr eigenes, streng gehütetes Rezept für diese Creme aus pürierten Kichererbsen, Sesampaste (Tahin), Zitronensaft, Olivenöl, Knoblauch, Paprikapulver und gehackter Petersilie. Fein nussig, erdig im Geschmack, samtig in der Konsistenz, umschmeichelt Hummus Zunge und Gaumen, egal ob mit Pitta, den orientalischen Brotfladen, genossen oder mit frischen Gemüsen – Frühlingszwiebeln, Radieschen und Bleichsellerie – aufgestippt, als mildernder Aufstrich zu scharf eingelegten Auberginen oder Rettichen gegessen. Manche würzen nach: mit gemahlenem Kumin oder einer Prise Cayennepfeffer, gießen feines Olivenöl oder zerlassene Butter über die fertige Creme, garnieren mit gerösteten Pinienkernen oder Walnüssen. *Schwa.*

Ingwer

Ingwer (engl.: *ginger*, franz.: *gingembre*), in der indischen Küche *Adhrak*, ist die knollige, braungraue Wurzel der Pflanze *Zingiber officinale.* Ingwer stammt ursprünglich aus Ostasien, kommt heute auch aus Jamaika, Australien und Westafrika. Er riecht mild-aromatisch und schmeckt brennend scharf. Man verwendet ihn frisch gehobelt, geraspelt, gehackt zu Fleisch, Suppen, Saucen und Gemüse. Er neutralisiert den Geruch bei Fischgerichten. Mit Zuckerlösung wird Ingwer kandiert und als Konfekt serviert oder in Gebäck oder Süßspeisen verarbeitet. Schon im Mittelalter war Ingwer ein ebenso beliebtes wie teures Gewürz. In England kostete ein Pfund Ingwer so viel wie ein Schaf. Dort wird auch Ginger-Ale, Ginger-Wine und Ginger-Beer hergestellt. In der Medizin wird Ingwer gegen Mundgeruch, Brechreiz und Durchfall angewandt. Ein Schuft, wer einen Zusammenhang mit seiner Verwendung in der Küche sieht. *fein*

Jus

Jus ist nicht nur das lateinische Wort für Recht, sondern auch für Suppe oder Brühe. In dieser Bedeutung ist es bis in die deutsche Küche vorgedrungen, allerdings übers Französische, so dass der wahrhaft feine Mensch »Schü« dazu sagt, gespitzten Mundes, als koste er eben davon. Wir schließen uns im Folgenden der Meinung an, die Wolfram Siebeck, des deutschen Reiches Erzkoch, überzeugend vertritt: dass nämlich zur Verbesserung von Fleischgerichten nichts tauglicher sei als ein Kalbsjus, gewonnen aus einer hübschen Menge von Knochen und Gemüsen, die man nach dem Anbraten zusammen mit allerlei Gewürzen in etwa drei Liter Wasser an die fünf bis sechs Stunden auf kleiner Flamme sieden lässt, bis sich daraus an die zwei Liter konzentrierter Bouillon ergeben. Das Zeug geliert und kann wochenlang im Kühlschrank aufbewahrt werden – seiner Schwabbeligkeit ungeachtet ein Grundpfeiler der guten Küche. *kaj*

Kapern

Kapern zu klassifizieren ist ein Problem, seit vor gut 2000 Jahren der schwunghafte Handel mit den graugrünen Knospen begann. Dass sie sich in der Vorzeit vom Mittelmeer an Land spülen ließen und an dessen Küsten als Kapernsträucher Wurzeln schlugen, um dem Menschen und seiner Küche näher zu sein, ist Sage, auch wenn wir gerne daran glauben wollen. Weder Frucht noch Gemüse, weder Gewürz noch Samen, besitzen sie doch die Kraft, aus Hackfleischkugeln Königsberger Klopse zu machen. Abgeerntet wird die *Capparis spinosa* vor der Blüte, insbesondere in den Mittelmeeranrainerländern Italien (Sizilien), Spanien und Frankreich. Je kleiner und fester die Knospe, die in Essig und/oder nur Salz eingelegt wird, desto feiner. Als edelste gelten die ganz kleinen *Nonpareilles*, gefolgt von den *Surfines* und *Capucines. Mifines* sind mittelgroß und kräftig, *Communes* und *Capotes* die größten auf der französischen Kapernskala. Imitiert werden Kapern so häufig wie Kaviar; dabei sind Blüten und unreife Früchte der Kapuzinerkresse noch am bekömmlichsten. Die giftigen Knospen der Sumpfdotterblumen oder des Besenginsters, mit Kupfer schön grün gefärbt, sind nicht mehr auf dem Markt. Die Giftdosis im Essen ist heutzutage auch ohne sie hoch genug.

hum

Kapuzinerkresse

Sie kommt in Mode. Wetten? Lange genug haben wir den struppigen Frisée, den labbrigen Eichblattsalat und sonstiges Modegrünzeug über uns ergehen lassen. Jetzt wird's bunt! Blüten, Knospen, Blätter und Samen des *Tropaeolum majus* wirken nicht nur ungemein dekorativ, sie sollen auch sehr gesund sein. Simpler Kartoffelsalat oder Matjeshering, umrahmt von einem Blütenkranz, kalte Platten, von Kresseranken durchschlängelt, werden zu kulinarischen Kunstwerken. Geschnitten oder gehackt, mit anderen Salaten gemischt, verträgt die Kapuzinerkresse, die im Geschmack der herben Brunnenkresse ähnelt, kräftige Marinaden, am besten mit Zitronensaft, Sahne und etwas Honig. Samen und/oder Blütenknospen in Essig/Salz-Wasser eingelegt ergeben die falschen Kapern; das wusste schon unsere Großmutter.

Aufgabe: Wenn 20 bis 25 Gramm Kapuzinerkresse täglich, auf zwei bis drei Mahlzeiten verteilt, unglaublich gesund sind, wie gesund sind dann zwei Pfund Kresse täglich? Lösung: ziemlich ungesund. *fein*

Kartoffelknödel

Rohe Kartoffelknödel sind nicht etwa das pflanzliche Gegenstück zum Tatar, sondern haben ihren Namen daher, dass ihr Hauptbestandteil ungekochte Erdäpfel sind, die man reibt. Aber gekochte Kartoffeln müssen auch dabei sein, sonst wird's nichts aus der Lockerheit und Saugfähigkeit, die der Knödel zum Saucen-Aufsaugen braucht. Also die geschälten rohen Kartoffeln in eine Schüssel mit kaltem Wasser reiben – mit der Hand auf dem altmodischen Reibeisen geht's am besten, weil so die schönsten »Fasern« entstehen, die dem Knödel die rechte Konsistenz geben. In einem Stoffsäckchen oder Geschirrtuch ausdrücken. Mit den durch die Presse gedrückten, erkalteten gekochten Kartoffeln vermischen und mit etwas heißem Wasser dafür sorgen, dass die Masse leicht formbar ist, aber zusammenhält. In die Mitte des Teiges ein paar geröstete Semmelbrockerl, das Ganze gefühlvoll zum Knödel gerollt und dann für etwa 25 Minuten ins siedende, nicht ins sprudelnd kochende Wasser. Hört sich ganz einfach an, aber so viele Fallen gibt's kaum bei einem anderen Gericht. Das fängt bei der Mischung roh : gekocht an (eine Empfehlung, aber ohne Garantie: 3:1) und hört bei der Wassertemperatur auf: Wenn's sprudelt, lösen sich die Knödel auf. Da gibt's nur eines: *learning by doing.* *op*

Kartoffelpuffer / Reiberdatschi

Reiberdatschi heißen sie im Bayerischen, anderswo Kartoffelpuffer, Reibekuchen, Dätscher (thür.), Riwkooche oder Riwekauken. Gemeint ist immer dasselbe, nämlich jene in der Pfanne herausgebratenen Fladen, die man neuerdings wieder stärker mit Knödeln, Nudeln, Kroketten und sonstigen fettsaugenden Beilagen konkurrieren sieht. Der Name Reiberdatschi sagt alles: dass erstens der Teig aus geriebenen (rohen) Kartoffeln besteht, die man mit Eiern, Salz und geriebenen Zwiebeln veredelt (gelegentlich gibt man auch Semmelbrösel, Grieß, Sauerrahm oder gekochte Kartoffeln dazu), und dass zweitens die Fladenform durch Dätschen, also Flachdrücken, erreicht wird. Erhebt man sie aus ihrer Beilagen-Existenz, geben Kartoffelpuffer eine selbstständige Mahlzeit ab; in Bayern serviert man dazu, je nach kulinarischer Weltanschauung, Apfelkompott oder Sauerkraut, in anderen Gegenden genießt man sie mit Butterbrot und starkem schwarzen Kaffee, mit Zuckerrübenkraut oder mit frischen Matjesheringen. Ob die holländische Reibekuchen-Version, nach der man das Kartoffelreibsel mit einem Gemisch von Mehl, Dosenmilch, Zwiebeln und Eiern bindet, bei der Datschi-Renaissance vorne liegt, wird die Feldforschung noch eruieren müssen. *kaj*

Kartoffelsalat

Kartoffelsalat ist eines der variantenreichsten Gerichte der Welt. Einige kurze Blicke in die Kochbücherei der Kostproben-Redaktion, und ... oooh, was es alles gibt: K. mit gewürfelten Bücklingsfilets und ausgelassenen Speckscheiben (holländische Variante), mit in Weißwein marinierten Kartoffeln plus Kerbel und Petersilie (Pariser Art), mit Schafskäse, Oliven und Olivenöl, Tomaten und Rosmarin (so mag's der Grieche), mit Mandeln, Äpfeln, Walnussöl, süßer Sahne (wo isst man das?). Um so entsetzlicher, wenn man, dies alles wissend, sieht, welch' schleimige, verzwiebelte, muffige Masse in vielen Wirtschaften especially des Freistaates Bayern lieblos serviert wird! Das wollen wir nicht mehr hinnehmen! Wir wollen von nun an beharrlich für besseren Kartoffelsalat kämpfen. Deshalb hier zwei Rezepte zu Händen der K.-Salatverhunzer im Lande, erstens (norddeutsche Variante, von Nietenführs Schwiegermutter): Man nehme zu nahezu gleichen Teilen Kartoffeln (Typ »vorwiegend fest kochend«), Äpfel, Gurken, bereite selbst eine Mayonnaise – gekaufte ist in der Regel klebrig und schwer – und füge frische Kräuter und Kapern hinzu. Zweitens (süddeutsch, von Nietenführs Leibköchin Frau Ludmilla): Kartoffeln plus Essig, Wasser und Öl plus einen guten Teelöffel Meerrettich plus ganz viel Dill und Petersilie. »Und den Knoblauch nicht vergessen!«, ruft Frau Ludmilla noch und sagt, man könne auch Kräuter und Meerrettich weglassen, dafür Zwiebeln zufügen und am Schluss Kürbiskernöl über den Salat träufeln. Ach, sie verdreht die Augen und eilt zum Markt ... *niet.*

Kaviar

Kaviar ist gut für den Menschen. Er enthält nämlich reichlich Desoxyribonucleinsäure, die wiederum bei Erschöpfungszuständen und Gedächtnisschwäche hilft. Allerdings kennt man Kaviar nun weniger wegen seiner therapeutischen Wirkungen, sondern vielmehr wegen seines vorzüglichen Geschmacks und seines Preises. Beides variiert je nach Herkunft der Delikatesse: Zwar besteht Kaviar immer aus den gesalzenen Eiern von Störfischen, jedoch gilt ein wenig gesalzener (russisch Malossol) Kaviar vom Hausen, einer Störart, zum Beispiel als feiner denn der nicht so grobkörnige, hellgraue Sewruga vom Scherg, einem anderen Stör. Selbst wenn man auch in Alaska, Oregon und sogar an der Nordseeküste Störe schlachtet, um an ihre Eier zu kommen, so bleiben doch Russland und Persien die beiden klassischen Kaviarländer. Der wirkliche Kaviar-Stör wohnt entweder im Kaspischen oder im Schwarzen Meer.

fb

Ketchup

Denkt man an Ketchup, wird man sofort Tomaten-Ketchup vor sich sehen, mehr Weltanschauung denn Nahrungsmittel. Von Kindern heiß geliebt, von Müttern wegen der Matschereien gefürchtet, von den Kostproben-Testern nur heimlich hinter heruntergelassenen Rollläden genossen. Das englische Catchup leitet sich ab von *to catch up* (auffangen); das soll heißen, in dieser Sauce wird das Aroma aufgefangen und konzentriert verwendet. Ursprünglich war Ketchup eine ostindische Pilz- oder Nusssauce. Exotische Ketchups sind stark gewürzt, schwächer allerdings als Chutneys. »Richtige« Ketchups werden zu gegrilltem oder gebratenem Fleisch gereicht und haben mit der dickflüssigen Tomatensauce, die wir und unsere amerikanischen Freunde über Pommes und Currywurst kippen, so wenig zu tun wie das Ketchup-Blut im Western mit echtem. *fein*

Kiwi

Kiwis (chinesische Stachelbeeren) kommen vorwiegend aus Neuseeland, werden aber auch im Mittelmeerraum angebaut und in holländischen Treibhäusern. Die eiergroßen, haarigen Früchte mit dem grünen Fruchtfleisch enthalten viel Vitamin C und schmecken säuerlich frisch. Kiwis halbieren, auslöffeln, fertig. Schön wär's. Seit Jahren aber geht die Kiwi-Krankheit um. Köche wie Hausfrauen werden von einer finsteren Macht gezwungen, alles, aber auch alles mit dieser Riesenbeere zu verseuchen. Sie machen nicht Halt vor Enten, nicht vor unschuldigen Rehen, nicht einmal vor edlen Krustentieren. Wir fordern, ja flehen: Haltet ein! Es reicht! Löffelt die Dinger aus (massenweise – die Kiwi-Bauern wollen auch leben), schnippelt sie, wenn's denn sein muss, an den Obstsalat, aber verschont uns ansonsten ein für allemal vor Kiwis!

fein

Krapfen

Faschingskrapfen (nicht Karpfen!) sind natürlich in der Tiefe des volkskundlichen Raumes entstanden. Der Name deutet auf ein hakenförmiges (alemannisch Krappa) Schmalzgebäck, das freilich auch in einer preußischen Version als »Berliner Pfannkuchen« vorkommt. Grundlage ist ein Hefeteig aus Hefe, Zucker, Milch, Mehl, Ei und Rum, der, wenn er gut gegangen ist, rund ausgestochen wird. Zwischen zwei Teigscheiben appliziert man den über alles geliebten »Kern« des Krapfens: einen Klecks Konfitüre, Pflaumenmus (oder Senf). Ausgebacken wird in schwimmendem Fett. Zuletzt werden die geliebten Bällchen mit Puderzucker oder Zuckerglasur überzogen. Richtig bereitet ist der Krapfen saftig und schmatzig. Warum aber die besondere Beziehung zum Fasching? In Volkskundlerkreisen werden Vermutungen angestellt, wonach eine länger dauernde Tollheit die närrischen Leute derart schwäche, dass sie lediglich noch eine weiche, ohne Anstrengung zu schluckende süße Speise vertragen könnten.

seeli.

Kräutelsuppe

Die Kräutelsuppe gehört zum Gründonnerstag wie das Fasten zum Karfreitag und der *urbi et orbi* zu Ostern. Individualisten werden sich kaum dreinreden lassen, wenn sie bei ihrer höchstpersönlichen Kräutelsuppe das »l« durch ein »r« ersetzen und diese Suppe dann – durchaus folgerichtig – mit allerlei Kräutern und Gemüse wie Spinat, Bleichsellerieblättern oder Mangold aufmöbeln, von Kartoffeln und Lauch ganz zu schweigen. Der Anhänger der »echten« Kräutelsuppe freilich achtet deren Zubereitung als heiligen Karwochenbrauch: Er nimmt dazu, einem ungeschriebenen Reinheitsgebot zufolge, nichts als Kerbel (*Anthriscus cerefolium*), wobei er sich allenfalls zu einer Zugabe frischen Sauerampfers herbeilässt. Es gilt folgendes Grundrezept: Man bereitet aus Fett, Mehl und gehackten Zwiebeln eine helle Einbrenne. Dazu gibt man den rohen, ebenfalls gehackten Kerbel, lässt ihn durchdünsten und gießt dann mit Brühe auf. Nach angemessener Kochzeit (15 bis 20 Minuten) schmeckt man die Suppe mit Sauerrahm, Salz, Pfeffer und Zitronensaft ab; man kann sie auch mit Eigelb binden. *kaj*

Kroketten

Kroketten oder Kroketts sollten laut Fachliteratur bestehen aus fein gewürfeltem Fleisch, Wild, Geflügel, Fisch, Krustentieren oder Gemüse, gebunden mit dicker Sauce, beispielsweise einer Béchamel. Nach dem Erkalten wird die Masse zu Kugeln, Birnen, Korken, Plätzchen geformt, paniert und in schwimmendem Fett herausgebacken. Die Krusteln (*Croquettes*) können auch aus Reis, Nudeln, Grieß oder Kartoffeln hergestellt werden. Was hierzulande als Kartoffelkroketten, oft auch noch in Mandelblättchen gewälzt, dem Esser zugemutet wird, kann als Beispiel dafür stehen, was Kroketts nicht sein dürfen: fett und matschig. Seit ein paar Jahren lauern die bleichen Korken auch als Fisch- oder Hühnerkroketten in den Tiefkühltruhen. Merke: Was nach Fisch schmeckt, ist Huhn.

fein

Kürbis

An saftige Kürbisse dachte schon das auserwählte Volk, als es in der Wüste Sinai des ewigen Mannas überdrüssig wurde. Allerdings bezweifeln Bio- und Philologen, dass mit den biblischen Kürbissen (4. Mose, 11,5) jene bis zu zwei Zentner schweren Beeren – jawohl: biologisch sind diese Riesenboller ganz normale, aus Blüten gewachsene Beeren – gemeint sind, die wir heute essen. Auch der alte Lateiner Vergil könnte mit dem Wort *cucurbita* eher Melonen und Gurken gemeint haben. Denn der Gartenkürbis (*Cucurbita pepo*) und der Riesenkürbis (*Cucurbita maxima*) kommen tatsächlich aus Amerika, wie wir ja schon aus Hollywoods Familienfilmen wissen, bei denen uns ständig aus ausgehöhlten Kürbissen geschnitzte Fratzen angrinsen. Das reichliche, leicht süßliche Fruchtfleisch schmeckt als Gemüse, Kompott oder Suppe jedoch nicht nur zu Halloween, und manchmal, da hatte Moses' maulendes Volk schon Recht, schmeckt es sogar besser als Manna. *gud*

Lachs

Seit der Lachs seitenweise in jedem Supermarkt verramscht wird, tobt der Streit der Lachsologen. Wildlachs oder Zuchtlachs, das ist hier die Frage. Und natürlich haben die Anhänger des wilden *Salmo salar* Recht mit ihrer Klage, dass der stolze Edelfisch, dessen Fang im Mittelalter königliches Regal war, in den Aqua-Farmen Schottlands und Norwegens zum »Schwein des Meeres« degeneriere – und zwar zur Hormonsau: Zum Mastfisch überzüchtet, anfällig für Krankheiten in seinen Beckenpferchen, muss das faul und dumm gemendelte Zuchtvieh allerlei Kraftfutter, Medikamente und Karotin schlucken, damit es in 18 Monaten als fertiges Industrieprodukt tiefgekühlt und dann geschmacklos matschig zum Konsumenten kommen kann. Allerdings, so meinen Apologeten des Zuchtlachses, sollten sich die Wildlachs-Fans nicht so haben. Wenn der Wildlachs im Sommer bei seiner Rückkehr zu seinen Laichplätzen im Gebirge gefangen wird, trägt er schwer an Sperma, Rogen und Sexualtrieb – dem edlen Geschmack nicht eben förderlich. Außerdem wird er, anders als der Zuchtlachs, oft nicht sofort ausgenommen und geeist – und ist damit seinen teuren Preis nicht mehr wert. Und schließlich: Schon zwei Drittel aller Wildlachse in Norwegens Flüssen sind ausgerissene Zuchtlachse. Was allerdings gegen die Lachszucht spricht: Wenn nicht bald weite Gebiete für Lachsfarmen gesperrt werden, löst sich die Frage »Wildlachs oder Zuchtlachs« bald von selbst. Den königlichen wilden Salmo wird es dann nicht mehr geben. *gud*

Lauch/Porree

Auch wenn er nicht so aussieht: Der Lauch ist eine Lilie, oder wenigstens ein naher Verwandter. Jedenfalls sieht ihn der Biologe in einer Familie mit der edlen Wappenblume. Wenn aber ein Koch Lauch sagt, denkt er nicht an die über 500 Arten der Gattung *allium*, nicht an Zwiebel, Schalotte oder die Homersche Zauberknolle Siegwurz, nicht einmal an Knob- oder Schnittlauch, sondern vor allem an den Stangen- oder Breitlauch: den Porree. Den kannten schon die alten Römer als *porrum*, die Germanen aßen ihn als *laukr*. Aber vor allem die Franzosen beweisen, wie verschieden man den sanftscharfen *poireau* anrichten kann: ihn zu Suppe verkochen, ihn gedünstet als Arme-Leute-Spargel (nicht minder schmackhaft) servieren oder auch gegart mit Vinaigrette als Porree polnisch (ein urfranzösisches Gericht!). Was man mit ihm anrichten kann, wussten schon Frankreichs Könige: Der Lauch, so schlossen sie aus des Gemüses phallischer Form, stärkt auch die Liebeskraft. Und die Hoheiten mussten es wissen, ritten sie doch unter dem Banner der Lilie, des Symbols der Fruchtbarkeit.

gud

Leberknödel

Der Leberknödel ist in den von Karl Valentin angezettelten Streit, ob es Semmelknödel oder Semmelnknödeln heißt, insofern verwickelt, als eingeweichte Semmel zu den Zutaten gehört, aus denen der Leberknödel geformt wird. Die Valentinsche Haarspalterei beleuchtet durchaus eine Grundsatzdiskussion unter Leberknödelliebhabern: Wieviel Semmel wird denn der durchgedrehten Rindsleber beigemischt? Bei aller Toleranz – ein Zwitter, der weder Semmel- noch Leberknödel ist, darf dabei nicht herauskommen. Was man den weiteren »Grundstoffen« feingehackte Zwiebel, Eier, Pfeffer und Salz alles zufügen kann, um den Lebergeschmack zu verfeinern, reicht vom durchgedrehten Knochenmark über eine Prise Muskatnuss bis zur Zitronenschale. Auf jeden Fall dabei sein sollte Majoran. Falls sich das Malheur ergibt, dass die Masse beim Knödelformen nicht so recht zusammenhält – Semmelbrösel wirken Wunder. Die beiden klassischen Arten Leberknödel aufzutischen: in einer kräftigen Fleischbrühe, mit Schnittlauch bestreut, und auf Sauerkraut. Eine weniger bekannte Spielart sind Leberknödel in heißem Fett gebacken, in dem sie schwimmen müssen. Dabei muss man darauf achten, dass die Masse schön locker ist. Wie man das erreicht? Indem man eine Semmel mehr beigibt. *op*

Lebkuchen

Wenn Lebkuchen, auch Pfeffer- oder Honigkuchen, in den Geschäften auftauchen, heißt das: Nun wird der Kunde auf Weihnachten eingeschworen. Es heißt aber auch: Lebkuchen werden gekauft und kaum noch selbst gebacken. Wie schade! Es ist gar nicht schwer. Man rühre Eier und Zucker schaumig, arbeite nach und nach die Zutaten darunter (zum Beispiel Honig, Hirschhornsalz, geriebene Mandeln, gehacktes Orangeat, Zimt, Nelkenpulver, Muskatblüte oder anderes) und streiche die Masse dünn auf runde Oblaten. Den kleinen Rest – die Mengen oder Varianten – muss man selbst ausprobieren, denn der Lebkuchen ist voller Geheimnisse.

Lange Zeit nahm man an, dass die berühmten Nürnberger Lebküchner nach dem 30-jährigen Krieg in das Terrain der Zuckerbäcker eingebrochen sind mit ihrer streng geheimen Wunderwaffe, deren detaillierte Rezepte sie ihren Töchtern (!) weiter vererbten. Kinder wussten es schon immer besser: Wahre Erfinderin des Lebkuchens war eine böse Hexe im terroristischen Umfeld von Hänsel und Gretel. Erst Hans Traxler förderte 1962 die Wahrheit ans Licht: Die sogenannte Lebkuchenhexe Katharina verkaufte ehedem auf dem Nürnberger Markt die allerfeinsten Lebküchlein. Ein lebkuchenneidiger Bäcker namens Hans Metzler wollte sie um des Rezeptes willen ehelichen, blitzte ab und erwürgte sie in Tateinheit mit seiner Schwester Grete in ihrem Spessarthaus. Seitdem werden Leb- oder Pfefferkuchen mehr oder weniger aus dem Gedächtnis nachgebacken. *seeli.*

Mascarpone

Mascarpone, ein lombardischer Weichkäse, kommt ursprünglich aus Lodi. Über die Entstehung des Namens gibt es zwei Versionen. Die eine besagt, dass die lombardische *ricotta* im Dialekt *mascherpa* hieß, die andere, dass ein spanischer Statthalter beim Probieren des sahnigen Käses verzückt »Màs que bueno!« (mehr als gut) ausrief. Mascarpone war schon im Mittelalter bekannt und wurde von den Mönchen als Fastenspeise empfohlen: nahrhaft genug, auch schwer arbeitende Menschen in der kargen Zeit bei Kräften zu halten. Achtung Schlankheitsapostel: 100 Gramm haben 465 Kalorien! Mascarpone kann man auch zu Hause zubereiten. 1 Liter Rahm wird im Wasserbad auf 80 bis 85 Grad erhitzt. Mit 1 Gramm Weinsteinsäure zwei Minuten verrühren. Sieb mit Leinentuch auslegen, Rahm hineingießen und mit Tuch zugedeckt zwölf Stunden stehen lassen. Stücke in Gaze packen und zehn Stunden kühl stellen. Danach kann man diese Rahmricotta beispielsweise zu Tiramisu verwenden. Dabei lohnt es sich auf die Frische der Eier zu achten, denn leicht wird sonst aus Tiramisu (Ziehmichrauf) das Gegenteil: Tiramigiù. *fein*

Maultaschen

Maultaschen sind, wiewohl zur feinen Sippe der Pasteten gehörig, »eine Art ländlicher Speise« (Andreas Schmeller). Ihre schwäbische Spezies wird so hergestellt: Man fertigt aus Mehl, Eiern, Wasser und Salz einen glatten, festen Teig, den man eine halbe Stunde ruhen lässt, anschließend ausrollt und in Flecken von etwa sechs Zentimeter Seitenlänge teilt. Für die Fülle dünstet man Spinat mit gewürfelten, goldbraun gebratenen Zwiebeln und Speck, mengt gewässertes Brot und ein Ei darunter und würzt alles mit Salz, Pfeffer, Muskat und Majoran. Die mit dieser Fülle belegten Teigflecke bestreicht man an den Rändern mit Eiweiß, klappt sie zu Dreiecken um und drückt die Ränder fest; anschließend lässt man sie in kochender Fleischbrühe zehn Minuten ziehen. Man serviert sie entweder in der Brühe oder zusammen mit brauner Butter, geriebenem Emmentaler oder knusprigen Zwiebelringen (als Beilage: Kopfsalat). Die Schwaben essen Kartoffelsalat oder Salzkartoffeln dazu. Eine Warnung des Maultaschenkartells: Wer stinkiges Flüssig-Ei verwendet, kriegt eine »ungesalzene Maultasche«. Das ist, wiederum laut Schmeller, ein Schlag aufs Maul.

kaj

Morcheln

Wenn der Spargel Saison hat, sprießt auch die Morchel. Wer's nicht glaubt, weil er den lieblichen Spitzpilz bloß in seiner getrockneten (also in der mittlerweile normalen) Form kennt, begebe sich hinaus ins freie Feld und schaue unter Pappeln oder Eschen nach. Wenn er Glück hat, hat er viel Glück; denn kaum etwas geht über frische, in Butter (nebst einem Spritzerchen Zitronensaft) gedünstete Morcheln. Weil aber eh kein Mensch diesen guten Rat befolgen wird, folgt ein fast genauso guter auf dem Fuße: Getrocknete Morcheln müssen vor der Zubereitung ausführlich und möglichst lange (eher zwölf als drei Stunden) gewässert werden; andernfalls bleiben sie zäh und leicht penetrant im Aroma. Billig sind Morcheln nie; aber man sollte wissen, dass die unterschiedlichen Preise sich am Aussehen orientieren und nicht am Geschmack. Die plumpe Glockenmorchel oder – noch ein Geheimtipp – die böhmische *katcenky* schmecken genauso edel wie die Spitzmorchel. Noch dazu lassen sich die ersteren leichter füllen (mit Kalbsbrät und Kräutern). Das klassische Frühlingsgericht schlechthin ist die Kombination von Morcheln und Spargelspitzen.

seid

Muscadet

Einen »Muscadet« orderten gestandene Seine-Schiffer, Arbeiter in »Les Halles« oder auch Clochards in alten französischen Schwarzweißfilmen. In der Erinnerung war es immer Jean Gabin. Der Muscadet ein Armeleutewein? Das war vielleicht einmal. Seit den 20er Jahren, in denen der Herbe von der Loire einfach in Fässern nach Paris geschafft und in den Kneipen offen ausgeschenkt wurde, hat sich viel geändert. Schon seit 1936 trägt der Muscadet die Qualitätsauszeichnung AOC (Appellation d'Origine Contrôlée), was besagt, dass die Produktion strengen Kontrollen unterliegt. Der Muscadet wird aus der Rebsorte *Melon de Bourgogne* gekeltert. Trotz der Tatsache, dass praktisch im ganzen Gebiet nur eine Rebsorte angebaut wird, ist Muscadet nicht gleich Muscadet. Die etwa 3000 Weinbauern des Pays Nantais sind stolze Individualisten, traditionsbewusst und doch experimentierfreudig. Genossenschaften spielen hier kaum eine Rolle.

Im Gegensatz zum recht rassen Bistrowein längst vergangener Tage ist der Muscadet heute ein angenehm trockener, leichter Weißwein mit maximal 12 Prozent Alkoholgehalt, der zu Fisch und Meerestieren, Geflügel und hellem Fleisch ebenso ideal passt wie zu Pasteten, Salaten oder Käse. Er wird kühl (9° bis 11° C) und jung getrunken. In der Regel sollte er nicht älter als zwei Jahre werden. Nur wenige Jahrgänge eignen sich zu längerer Lagerung. Eine erfrischende Spezialität ist der Muscadet *sur lie.* Der Wein wird bis zur Abfüllung auf dem Hefedepot (franz.: lie) belassen, wodurch er noch einen Kohlesäuregehalt behält und leicht prickelt. *fein*

Muscheln

Muscheln fischen gern im Trüben und haben darum nicht immer den besten Ruf. Neapels *vongole* etwa, aus der dicken Brühe des Golfes geholt, werden von Gesundheitsbehörden oft und gern mit dem Ausbruch von Seuchen in Verbindung gebracht. Aber keine Angst: Wenn sie frisch, sehr frisch (geöffnete, verfärbte Muscheln unbedingt wegschmeißen!) sind, sollen sie sogar sehr gesund sein. Elf Prozent Eiweiß, nur ein Prozent Fett, viele Mineralstoffe – solche Werte ließen Ernährungsberater jubeln, wären da nicht die gespeicherten Schwermetalle. Etwa 8000 Arten dieser Weichtiere muscheln in den Weltmeeren herum, viele von ihnen sind delikat, aber nur wenige finden sich auf deutschen Märkten. Wenn wir die teuren Austern weglassen, dann sind das vor allem die kleinen Venusmuscheln (*palourdes, vongole*), die, in Wein und Tomaten gedünstet, Suppen, Ragouts und Pasta zieren; dann die blauschwarzen Miesmuscheln (*moules, cozze*), die, im eigenen Saft gedämpft, auch wunderbar in Reis, Nudeln oder Suppen passen; schließlich die großen, gerippten Jakobsmuscheln (*coquilles Saint-Jacques, capesanti*), deren weißes Fleisch, roh mariniert oder überbacken, mit Saucen und dem eigenen Rogen, dem *Corail*, ein wirklicher Gaumenkitzel ist. Für alle Muschelarten gilt: Garzeiten kurz halten! Denn sie mögen alle eine harte Schale haben – innen sind sie zart und weich.

gud

Nelkenpfeffer / Piment

Nelkenpfeffer, viel verwendet in den Eintöpfen und Currys der Karibik, ist gar kein Pfeffer. Die rotbraunen Beeren, die auch als Piment, Allgewürz, Neugewürz, Englisches Gewürz oder Jamaikapfeffer bekannt sind, sehen aus wie Pfefferkörner, sind aber Samen des Pimentbaumes (*Pimenta dioica*), eines immergrünen Myrtengewächses, das wild in den Wäldern Westindiens, Venezuelas und Costa Ricas wuchert. Unreif noch werden die Körner geerntet und getrocknet – vor allem die kleinen, die besten Sorten, die ausschließlich auf Jamaika wachsen. Ihr feinwürziger Geschmack erinnert an den von Gewürznelken, Muskat oder Zimt. Und so werden die Pimentkörner auch gebraucht: beim Backen, Sulzen und Marinieren, in Würsten, Suppen und Saucen. Viele Gewürzmischungen, die uns die Industrie schon vormixt, kommen nicht ohne den Nelkenpfeffer aus. Unsere Vorfahren im 17. und 18. Jahrhundert schätzten Piment zudem als Heilkraut gegen allerlei Wehwehchen. Noch heute findet man das aus einer anderen Art der Pimentpflanze gewonnene Pimentöl oder Bayöl in manchen Likören, Seifen und Parfüms. Ein Tipp für die Küche: Zwei mit einer Gabel zerdrückte Nelkenpfefferkörner haben die gleiche Würzkraft wie zwanzig unzerdrückte.

gud

Obatzda

Der Obatzde ist für Wirte, die bayerische Schmankerl anbieten, eine Ehrensache, was nicht heißt, dass sie damit in jedem Fall Ehre einlegen: Wer sich damit begnügt, Sahnequark mit Paprika zu verrühren, handelt ehrenrührig, zumindest in den Augen der Obatzdn-Gemeinde. »Obatzd« wird, als die Mundartversion des schriftdeutschen »angebatzt«, mit nasalem O und ganz hellem A ausgesprochen; die korrekte bayerische Bestellung lautet: »I kriagat an Obatzdn, bittschehn!«

Das Grundwort »Batzen« im Sinn von Klumpen oder klebriger Masse weist auf die Zubereitungsart dieser Käsespeise hin, deren Urheberschaft den Bier siedenden Weihenstephaner Mönchen zugeschrieben wird. Das geht folgendermaßen: Man zerdrückt Camembert, Butter und gehackte Zwiebel mit der Gabel bis zur Streichfähigkeit und mischt dann Paprika (mehr süßen als scharfen), weißen Pfeffer und etwas Bier darunter, wahlweise auch Kümmel. Der Gestaltungsfreiheit, etwa durch Zugabe von mildernden oder verschärfenden Käsesorten, sind zwar kaum Grenzen gesetzt, aber bei Einsatz von allzu viel Fantasie besteht die Gefahr, dass der Brotzeitcharakter des Obatzdn verloren geht und die Gäste nicht wissen, ob sie die edle Création tatsächlich aufs Landbrot schmieren dürfen. *kaj*

Omelett

Das Omelett ist, richtig zubereitet, eine äußerst einfache und zugleich ziemlich raffinierte Angelegenheit. Deswegen galt es dereinst mit Recht als besonderes Küchen-Kabinett-Stück. Aus nicht recht erkennbaren Gründen ist das Omelett jedoch vor allem in der deutschen Küche stark aus der Mode gekommen; vielleicht hat das etwas mit dem Knackigkeitswahn zu tun, der sich im Gefolge der *nouvelle cuisine* verbreitet hat. Uns jedenfalls ist seine lieblose Vernachlässigung ein Grund mehr das Omelett hochzuhalten – und die Köche zu loben, denen Einfaches zu machen nicht zu schwer wird. Das Machtwort indessen, das an dieser Stelle zur definitiven Entscheidung des seit gut 200 Jahren schwelenden Omelett-Farbstreites Not täte, will uns auch hier nicht über die Lippen gehen. Soll ein Omelett blass und farblos aussehen, allenfalls ein wenig ins Gelbliche tendieren – oder wünschen wir's uns mit einer sattbraunen Kruste? In Wahrheit muss diese Frage gar nicht beantwortet werden; es kommt nämlich einfach darauf an, womit – und ob – das Ding gefüllt ist. Also: je herzhafter die Füllung, desto kräftiger die Farbe des Äußeren. Was im Übrigen die Füllungen selbst betrifft, so werden wir hier den Teufel tun und der Fantasie irgendwelche Grenzen setzen.

Deshalb hier nur die allerwichtigsten Grundprinzipien: Die Pfanne muss sehr heiß sein und sehr heiß bleiben; die Butter (anderes Bratfett kommt hier nicht in Frage) darf nicht braun werden; beim Backen müssen beide Hände ständig in Bewegung sein – die eine hält und schüttelt die Pfanne, die andere rührt mit der Gabel um. *seid*

Österreichischer Wein

Österreichischer Wein, ein Begriff, der immer noch unweigerlich das »Wort des Jahres 1985« – Glykol – mit sich herumschleppt, auch wenn einige Gebiete überhaupt nicht beteiligt waren. In den Jahren nach dem »Jahr null« haben sich die österreichischen Winzer erst murrend, dann – beflügelt durch steigenden Absatz – einsichtig den strengen Auflagen des neuen Weingesetzes gebeugt. Es soll das »strengste der Welt« sein, und wenn man die detaillierten Vorschriften studiert, ist man geneigt, das zu glauben. Derzeit sitzt der Schock bei den Winzern noch so tief, dass es wohl noch einige Zeit dauern wird, bis ein krimineller Panscher eine Lücke sucht und vermutlich – wie bei jedem Gesetz – auch findet. Wer heute in den vier Weinbauregionen Niederösterreich (58,6 Prozent der Gesamtmenge), Burgenland (35,7 Prozent), Steiermark (4,5 Prozent) oder Wien (1,2 Prozent) die jeweiligen Weine verkostet, ist überrascht, wie viele Spezialitäten (neben alteingeführten Sorten, vor allen Dingen dem Grünen Veltliner) durchgegoren, trocken und von höchster Qualität angeboten werden: Schilcher, Zierfandler, Rotgipfler, Zweigelt, St. Laurent, Neuburger, Muskat-Ottonel, um nur einige zu nennen. Zunehmend gewinnen die Rotweine an Bedeutung und internationalem Ansehen. Seit 1984 ist ihr Anteil von vier auf 16 Prozent gestiegen. Das Ergebnis der postskandalösen Entwicklung im österreichischen Weinbau kann sich alles in allem sehen und trinken lassen. So ein Skandal kann Wunder wirken, wenn er nur nachhaltig genug den Geldbeutel oder das Staatssäckel trifft. *fein*

Paella

Die Paella, wie sie in Restaurants serviert wird und internationale Bekanntheit erreichte, ist eigentlich ein Festessen der Reichen. Mit kostspieligen Krustentieren, Safran, besten Fleisch-, Fisch- und Muschelsorten angereichert, hat sie mit der Ur-Reispfanne nicht mehr viel zu tun. Diese soll bei La Albufera in der Nähe von Valencia erfunden worden sein und aus Reis, Öl, Bohnen, Schnecken und Aalen – also aus allem, was die Armen dort hatten – bestanden haben. Heute gibt es ebenso viele Rezepte wie Paelleras (das sind die Blechpfannen mit zwei Henkeln, die als Reiseandenken an der Wand hängen, aber auch zur Zubereitung einer Paella verwendet werden können). Besonders beliebt ist es in Spanien, die Paella bei einem Picknick auf Reisigfeuer zu brutzeln. Siehe auch: Waldbrände auf der Iberischen Halbinsel. *fein*

Panna cotta

Panna cotta, gekochte Sahne, heißt eine italienische Cremespeise. Kollege Seidelbast schimpft sie eine »derzeit grassierende Dessert-Mode« und »milchig-weißes Glibberzeug«. Dem muss aufs Schärfste widersprochen werden. Die Panna cotta gehört zu den klassischen Nachspeisen der norditalienischen Küche und ist, richtig zubereitet, für den Süßspeisenfreund ein Stück vom Himmel.

Wir kochen einen Liter Sahne mit vier Esslöffeln Zucker kurz auf und rühren mit dem Schneebesen sieben Blatt weiße, vorher eingeweichte Gelatine unter. Dann streichen wir eine flache Glas- oder Porzellanform dünn mit Karamellsauce aus, die im Übrigen nicht unbedingt selbst gemacht werden muss – es gibt einige wenige gute Karamellsaucen aus der Flasche. Auf die Karamellschicht verteilen wir Amaretti (Mandelkekse), gießen die Sahnemischung darüber und stellen das Ganze kalt. Fertig ist die Köstlichkeit.

He, Seidelbast, nimm sofort die Finger aus der Schüssel!

fein

Pasta

Nudel ist nicht gleich Nudel und Nudel schon gar nicht Spaghetti. Seit wir an dieser Stelle erklärt haben, was »al dente« heißt, wissen wir auch, dass lediglich Spaghetti, weil ohne Ei zubereitet, den gewissen Biss haben können. Die mehr oder minder breite, stets flache Eiernudel hingegen ist entweder gar oder nicht gar. Was natürlich nicht heißt, dass sie matschig sein darf. Die Verwendung von Eiern in der Teigware teilt Italien mehr oder weniger in zwei Pasta-Regionen: Im fruchtbaren, industrialisierten und deshalb reicheren Norden kommt die Eiernudel, die *pasta bolognese*, häufiger vor; im kargeren, ärmeren Süden die *pasta napoletana* aus Hartweizengrieß ohne Ei. Für selbst gemachte Eiernudeln braucht man Mehl, Eier, eventuell etwas Olivenöl, Salz und Wasser. Jede italienische Hausfrau hat da ihr eigenes Rezept. Aus diesem Teig lassen sich nicht nur Bandnudeln, sondern auch Cannelloni, Ravioli und Tortellini herstellen. Die italienische Küche kennt, bedenkt man die regionalen Spezialitäten der einzelnen Provinzen, fast ein halbes hundert verschiedene Paste in allen möglichen Formen. Meyers Lexikon unterscheidet nach gut deutscher Art lange und kurze Ware und definiert Teigwaren als »... Lebensmittelerzeugnisse, die durch Kochen in verzehrbare Form übergeführt werden; sie sollen in einer Kochzeit von etwa 10 Minuten mindestens zur doppelten Größe aufquellen, dabei aber ihre ursprüngliche Gestalt bewahren«. Hält man sich an dieses Rezept, schüttet über das möglichst kurz geschnittene Nudelwerk noch Ragout aus der Tüte, so hat man genau die Spaghetti bolognese, wie sie nicht sein sollen. *Schwa*

Pesto

Pesto, ital. Adjektiv: gestoßen, geschlagen, zerrieben. Richtig stößt, schlägt, reibt man in einem Mörser Basilikumblätter, möglichst große aus dem Freiland, Pinienkerne, Knoblauchzehen und Hagelsalz. Dazu gibt man langsam unter ständigem Rühren kalt gepresstes Olivenöl, geriebenen Pecorino und Parmesan. Mit frisch gemahlenem schwarzen Pfeffer abschmecken. Das Pesto mit etwas Kochwasser verdünnen, ehe es unter die gekochten Nudeln gehoben wird. Manche Rezepte sprechen von Walnüssen statt von Pinienkernen; eine Verfälschung wegen des starken Eigengeschmacks der Nüsse. Auch die Zubereitung in einem elektrischen Mixer bringt nicht das rechte Vergnügen. Dabei fehlt der olfaktorische Genuss. Wenn langsam der herrliche Geruch des Basilikums aus dem Mörser aufsteigt, sich dann mit dem des Knoblauchs mischt und zum guten Ende mit dem des Käses eine harmonische Verbindung eingeht: *ecco il pesto!* *punt*

Pichelsteiner

In diesen Eintopf gehören Rind-, Lamm- und mageres Schweinefleisch, Zwiebeln, Karotten, Weißkraut, Sellerie und Kartoffeln. In einigen Rezepten werden noch Speck, Porree, Petersilienwurzeln, Markknochen angegeben. Bei Wolfram Siebecks Pichelsteiner darf ausschließlich gut abgehangenes Rinderfilet die adelige Fleischbasis für das bürgerliche Alltagsgericht bilden. Dabei war und ist das Pichelsteiner eher ein Armeleuteessen aus Kartoffeln, Gemüse und Fleischresten.

Das erste »Büchelsteiner« soll im Jahr 1839 von der Tafernwirtin Auguste Winkler aus Grattersdorf im heutigen Landkreis Deggendorf gekocht worden sein und zwar auf Bestellung des königlich-bayerischen Landrichters Benno Storlein, der bei einem Ausflug auf den Büchelstein seine Freunde mit einem Essen bewirten wollte, das in einem Topf auf offenem Feuer aufgewärmt werden konnte. In den 30er Jahren kam es zum »Bichlstoana-Krieg« zwischen Grattersdorf und Regen, bei dem es um das einzig wahre Büchel- oder Pichelsteiner ging. Er endete mit einem gütlichen Vergleich. Seitdem feiern die Grattersdorfer ihr Büchelsteiner-Fest auf dem Büchelstein, die Regener ihr Pichelsteiner-Fest in der Stadt.

Die Überlieferung, dass Fürst Otto von Bismarck sich einst mit einem Pichelsteiner gestärkt habe, lässt eine andere Entstehungsgeschichte nicht ganz von der Hand weisen, nach der ein preußischer Schnapsfabrikant namens Steiner, genannt Pichl-Steiner, seine Kunden und Gäste mit diesem kräftigen Eintopf gelabt habe, um eine kräftige Unterlage für seine hochprozentigen Wässerchen zu schaffen. *fein*

Pizza

Diese nahrhaften und – meist – wohlschmeckenden Hefeteigfladen wurden von den fantasievollen Neapolitanern erfunden. Traditionell werden sie im Holzofen gebacken. Der Teig darf nur mit Wasser zubereitet werden, niemals mit Milch. Der Belag der klassischen *Pizza alla napoletana* besteht aus Tomaten, Mozzarella und Sardellen. Königin Margherita von Savoyen war die *Pizza Margherita* gewidmet. Sie trägt deshalb die Landesfarben Grün (Basilikum), Weiß (Mozarella), Rot (Tomaten). *Quattro stagioni, romana, pugliese, alle vongole, ai funghi, Hawaii, Leberkäs* – schier endlos ist die Liste der Bezeichnungen. Der persönlichen Kreativität eines *Pizzaiolo* sind kaum Grenzen gesetzt. Vorschlag: Eine Pizza, mit der ein Kellner einen Gast k.o. schlägt, wie jüngst in München geschehen, sollte *Pizza caduta sassi* heißen. *fein*

Polenta

Die Polenta ist besonders im Norden Italiens so populär, dass die Süditaliener ihre Landsleute dort gern *polentoni* nennen, was eine vergleichsweise liebevolle Entgegnung auf die Vokabel *terroni* (Erdmenschen) ist, mit der Nord- gelegentlich Süditaliener beleidigen. Gemessen an Pasta und Pizza ist die Polenta, das klassische Armeleuteessen im Norden des Stiefels, in Deutschland nahezu unbekannt – eigentlich unverständlich, wenn man bedenkt, wie vielseitig diese Speise ist und wie einfach man sie zubereiten kann. Für das Grundrezept braucht man pro hundert Gramm Maisgrieß einen halben Liter Wasser und etwas Salz. Man lässt den Grieß ins kochende Salzwasser gleiten, rührt dabei ständig in eine Richtung und lässt das Ganze etwa eine Stunde kochen. (Wenn man vorgekochten Maisgrieß kauft, reichen schon ein paar Minuten, aber es ist sicher nicht so gut.) Wichtig ist, dass man einen hohen Topf benutzt, der einen vor Verbrennungen durch heiße Spritzer schützenden Deckel hat. Polenta kann man in Ringen, Kugeln, Sockeln und Schnitten servieren. Man kann sie besonders gut mit gehaltvollen Saucen essen, zum Beispiel *alla Toscana* mit Kalbfleisch, Petersilie, Zwiebeln, Rosmarin, Tomatenmark und schwarzen Oliven. Herrlich schmeckt sie mit einem Mus aus gekochten frischen Zwetschgen. Der Purist aber liebt die Polenta einfach mit etwas Butter und Käse. *niet.*

Powidltascherl

Das Powidltascherl oder -tatschkerl ist ein Beispiel dafür, dass man es sich beim Eindeutschen von Begriffen aus den Küchen unserer europäischen Nachbarn nicht zu leicht machen sollte. Es läge nahe, dieses zungenbrecherische böhmische Tatschkerl schlicht mit »Pflaumenmus-Täschchen« zu übersetzen. Aber das hieße den Begriff »Tatschkerl« arg zu vereinfachen. Er kommt von der »Tartsche«, einem kleinen Turnierschild. Es handelt sich also um eine Mehlspeise in Form eines Schildchens. Ein rund ausgestochenes Teigschild (Nudel- oder Kartoffelteig) wird zu einem Täschchen (also doch) zusammengelegt, nachdem man in seine Mitte einen Kaffeelöffel Powidl (Pflaumenmus) gegeben hat. Dieses Mus sollte man mit Zucker, Zimt und Rum abschmecken. Damit das Tatschkerl nicht aufgeht, bestreicht man die Teigränder vor dem Übereinanderschlagen mit verdünntem Ei. Dann in leicht gesalzenes, siedendes Wasser damit – und nach sechs Minuten darf man in das Lied einstimmen, dass »so ein Tatschkerl, so ein powidales« wirklich etwas »Phänomenales« sei. Wer's kann, darf dabei »böhmakeln«. *op*

Presssack

Der Presssack heißt so, weil bei seiner Zubereitung der Metzger tatsächlich allerlei in den Wurstsack presst. Die Füße nämlich vom Schwein, die Ohren, Schwarte, vor allem aber das ausgelöste und gewürfelte Fleisch des Schweinskopfes, weshalb unsere norddeutschen Nachbarn jenseits des Mains den Presssack auch »Presskopf« nennen. Was in der Wursthaut wirklich enthalten ist, das verrät in Franken – denn da kommt der Presssack her – kein Metzger, dessen Wurst nicht ganz fad schmeckt: Küchengeheimnis. Drei Zubereitungsarten aber sind offensichtlich: Gibt der Metzger die Sudbrühe mit Essig zum Fleisch in die Därme und lässt den prallen Sack zwei Stunden bei 80 Grad ziehen, entsteht der glibbrig glänzende weiße Presssack. Besteht die Wurstsuppe aber aus nur einem Viertel Brühe und drei Vierteln frischen Saubluts, färbt sich die Wurst zum roten oder – über die Bezeichnung wird unter Wurstliebhabern heftig gestritten – schwarzen Presssack. Außerhalb Frankens selten zu finden ist der Leberpresssack. Er erhält seinen rassigen Wurstgeschmack durch die Beigabe von durch den Wolf gedrehter Leber, manchmal kommt auch Herz dazu. Allen drei Arten ist gemeinsam: Weniger als einen Zentimeter dick dürfen die Scheiben nicht sein, die der Metzger vom Presssack abschneidet. *gud*

Primeur

»Le Beaujolais nouveau est arrivé!« Dieser Jubelruf der Anhänger des neuen Weines war in der letzten Woche wieder in den Bistros der französischen Städte zu hören. Der Primeur wird meist am dritten Mittwoch im November um null Uhr freigegeben und noch in derselben Nacht in alle Welt verfrachtet. Die frühe Auslieferung des jungen Weines wird ermöglicht durch die *Macération carbonique*, ein besonders kurzes Gärverfahren. Der Primeur schmeckt frisch und fruchtig, kann einen ersten Eindruck des neuen Jahrgangs vermitteln, ist ansonsten aber eher belanglos – und viel zu teuer. Der Kenner probiert den neuen Beaujolais erst nach dem 15. Dezember; dann kommen die *Crus* auf den Markt: Das Bemerkenswerteste am Primeur ist die überaus geschickte Vermarktung. Noch vor 25 Jahren krähte kein Hahn, auch kein gallischer, danach. Inzwischen hat sich die Mode seuchenartig auf fast alle französischen und auch italienischen Anbaugebiete ausgedehnt und selbsternannte Connaisseurs von Japan bis in die USA gieren nach dem ersten Schoppen. Und weil es bei einem Glas meist nicht bleibt, steigt am Tag nach der weltweiten Primeur-Euphorie auch weltweit der Verbrauch von Kopfschmerz- und Kohletabletten. Der Primeur – eine PR-Kampagne der Pharmaindustrie?

fein

Prosciutto di San Daniele

Schinken aus San Daniele ist nach dem aus Parma die bekannteste Schinkenspezialität aus Italien. Seine Herstellung ist in einem Gesetz des italienischen Staates (Nr. 507 vom 4. Juli 1970) festgelegt. Danach dürfen die 26 Produzenten des San Daniele nur frische Keulen von solchen Schweinen verwenden, die in Italien aufgezogen wurden. Mindestgewicht pro Keule 9,5 Kilo. Von Hand wird das Salz in das Fleisch einmassiert. Die so präparierten Keulen werden zwischen langen Brettern zusammengepresst, bis sie die typische Gitarrenform angenommen haben. Anschließend werden sie mindestens neun Monate lang in großen Räumen gelagert, durch die die »einzigartige Luft von San Daniele« strömt. Laut San-Daniele-Werbung »vermählen sich Meeresbrise und Alpenwind, um im harmonischen Einklang die für die Lagerung vorbereiteten Rohschinken sanft zu streicheln«. So romantisch kann Schinkenherstellung sein! Wenn der Lagerungsmeister mittels einer Nadel aus Pferdeknochen festgestellt hat, dass Weichheit, Lagerungsgrad und Aroma perfekt sind, bekommt der Schinken dann das Prädikat DOC (Denominazione di Origine Controllata = garantierte Ursprungsbezeichnung). In dünne Scheiben geschnitten, begleitet von frischem Brot und leichtem Wein, ist der San Daniele ein Genuss, ob als Vorspeise oder zur Brotzeit. Hätte der Namenspatron des friulischen Dorfes weiland in der Löwengrube ein paar Stückchen Prosciutto in den Falten seines Gewandes verborgen, hätten die geschmäcklerischen Tiere auch ohne höhere Weisung Prophet Prophet sein lassen. *fein*

Prosecco

Dem Prosecco als Modeerscheinung hat kaum ein anderer Schaumwein standgehalten. Mit nichts wird auch so viel Schindluder getrieben. Zunächst ist Prosecco eine *Rebsorte* aus dem norditalienischen Veneto, deren Weine eher flachen Charakters und selten von Spitzenqualität sind. Als normaler Klarwein wird er deshalb selten angeboten. Armut an aufdringlichen Aromen macht den Prosecco dafür zum idealen *Frizzante*, einem erfrischenden, neutralen Perlwein, wofür der Grundwein nochmals vergoren und Kohlensäure entwickelt wird. Dies ist der »normale«, meist schlichte Prosecco. Manchmal entwickelt er hohen Reiz, erweist sich als besonders weich, verraucht freilich rasch, wird schnell schal. Simpelster, meist wenig ansprechender Prosecco ist nicht nochmals vergoren, sondern wie Mineralwasser mit Kohlensäure versetzt. Prosecco *frizzante* ist an Ort und Stelle oft preiswerter als »stille« Weißweine, wird aber in Deutschland vielfach verkauft, als handle es sich um hochwertigen Prosecco *spumante*. *Spumante* ist, anders als Prosecco *frizzante*, doppelt vergorener Grundwein, also Sekt. Aus dem Conegliano und erst recht dem Valdobbiadene kommen großartige Kreszenzen. Wie bei allem Sekt unterscheidet man Tank- oder Flaschengärung (Champagner-Methode). Ausnahmegewächse können betören. Normalerweise aber ist ein *Spumante* aus einem anderen charaktervollen Grundwein dem Prosecco weit überlegen.

hecht

Radieschen

Das Radieschen ist, im Gegensatz zu dem mit ihm weitschichtig verwandten »Radi« (Rettich), ein noch verhältnismäßig junges Gemüse aus der Kreuzblütler-Sippschaft: Während jener bereits die Sklaven beim Pyramidenbau gestärkt haben soll – hoffentlich rückten Cheops & Co. dazu auch Butterbrot und Bier raus! –, weiß man von diesem erst etwa seit dem 16. Jahrhundert. Beider Name geht auf das lateinische »Wurzel«-Wort *radix* zurück, beide enthalten sie reichlich Vitamin C, und beide beziehen sie ihre eigentümliche Schärfe aus körpereigenem Senföl. Wer Radieschen nur zur Garnitur verwendet, betreibt ein wenig Raubbau, denn mit diesen geschwänzten Knöllchen lassen sich unheimlich gesunde Dinge anstellen: Man denke nur an Salate, wo sie sich mit Emmentaler, hartgekochten Eiern und Schnittlauch prächtig vertragen, oder an so genannte Schlankheitsbrote, deren Vollkornbrot- und Hüttenkäsekargheit mit ein paar Radieschen Farbe und Würze erhält. Kunsthandwerker, die mit geschnitzten Radieschen-Mäusen und Ähnlichem die Tischdekoration als *Eat Art* ins Unendliche treiben wollen, werden sich durch solche Hinweise von ihrem Tun und dessen schöner Nutzlosigkeit freilich nicht abhalten lassen. *kaj*

Rauchbier

Das Rauchbier, schwarzbraun wie die Haselnuss und für Neulinge auf den ersten Schluck eher ein Schrecknis, zählt zu den untergärigen Vollbieren und, darüber hinaus, zu den historischen Kuriositäten – »eingebraute Nostalgie« nennt es ein Bierlexikon vollen Mundes. Früher entstanden Rauchbiere nicht selten dadurch, dass das im Freien zu trocknende Malz nicht genug Sonne abbekam und man mit Holzfeuern nachhelfen musste; deren Rauch durchzog das Malz und veränderte das Aroma nachhaltig, in eine Richtung, dass man glaubt, ein Glas Instant-Geselchtes vor sich zu haben. Heute ist das Rauchbier eine Bamberger Spezialität. Dort arbeiten einige Firmen mit Grünmalz, das über einem Feuer aus feuchtem Buchenholz gedarrt wurde (ein Verfahren, das übrigens auch dem schottischen Whisky seine Weihen gibt). Wo viel Rauch, da viel Feuer: Das Rauchbier hat 13,5 Prozent Stammwürze, also stattliche 4,5 Prozent Alkoholgehalt. *kaj*

Reis

Reis ist nicht gleich Reis. Der wilde Reis heißt sogar nur so, ist aber in Wirklichkeit eine Grasart. Naturreis dagegen ist echter Reis – ungeschält und daher reich an Vitaminen wie an Mineralstoffen; wegen seines relativ ausgeprägten Eigengeschmackes lässt er sich aber nicht immer gut mit Saucen und Gemüsen kombinieren. Vielseitig verwendbar ist stattdessen der meist aus den USA stammende, aber auch hier sehr beliebte *parboiled rice*; seine großen weißgelben Körner enthalten dank einer Spezialbehandlung immer noch mehr Vitamine als der normal polierte Langkornreis, dessen edelste Sorte wiederum der wohlriechende Basmati-Reis darstellt. Anders als parboiled rice, den man – eventuell unter Beifügung einer halben Zwiebel – in Öl glasig dünstet, mit der 1 ½fachen Menge kalten Wassers aufgießt und dann nach dem Aufkochen quellen lässt, muss weißer Reis vor dem Kochen gründlich gewaschen werden, um das klebrige Reismehl zu entfernen – nur so gerät er hinterher schön körnig. Wer den Reis matschig mag (wie die auf ihre Stäbchen angewiesenen Chinesen), greift freiwillig zum Rundkornreis. *seid*

Rettich/Radi

Den südgermanischen Radi rühmte schon der ältere Plinius im 1. Jahrhundert. Verständlich also, dass die dicke Wurzel hierzulande rundherum mehr ist als bloß Rettich, wie der Norddeutsche sagt. Nein, in bayerischen Biergärten wird die Knolle, deren verschiedene Sorten in allen Größen, Formen, Weiß-, Rot- und Schwarztönen heranwachsen, wie ein Fruchtbarkeitsfetisch verehrt. Vergeblich mag der Pflanzenforscher darauf verweisen, dass Rettich schon von den Chinesen angebaut wurde, als die Baiern noch auf den Bäumen saßen, und dass sein bissiger Geschmack ganz prosaisch auf Senföle zurückzuführen sei. Der Sage nach soll aber auch »Radi« Radenkovic die ehedem scharfe Knolle immer empfohlen haben als eine gesunde, die Verdauung fördernde, schleimlösende, die Magennerven anregende Speise bei Siegen wie bei Niederlagen. Obwohl heute die Schärfe den meisten Radis abgezüchtet wurde, huldigt man ihrer in Bayern immer noch mit einem brotzeitlichen Götzendienst, der »Radischneiden« heißt: Entweder zwirbelt ein spezielles Gerät das Wurzelfleisch in Spiralen; oder man schneidet es kunstvoll von oben nach unten in dünne Längsscheiben. Wer den Radi anders angeht, ihn gar schält, entlarvt sich als Frevler und wird zum sofortigen Verzehr einer besonders faden Zuchtwurz verdonnert – ungesalzen. *gud*

Riesling

Stolze Worte aus einer deutschen Weinfibel: »Der Riesling liefert – unbestritten – die elegantesten Weißweine der Welt und ist auch im Ausland ein Synonym für die besondere Art des qualitativ höchstwertigen deutschen Weißweines.« Dem wäre nichts hinzuzufügen, wenn die deutschen Winzer den Ruhm des Rieslings in den letzten Jahrzehnten nicht fahrlässig aufs Spiel gesetzt hätten. Genau das, was die empfindliche Rebe auszeichnet – die rassige Frische und die mit vielen Speisen harmonierende angenehme Säure, die den Spätlesen ein ungewöhnlich langes Leben beschert – wurde beim Ausbau systematisch unterdrückt. Das Ergebnis: süßlich flache Durchschnittsweine ohne erkennbaren Charakter. Zwar haben sich im Rheingau, an Saar und Ruwer die besseren Weingüter inzwischen der alten Qualitäten wieder erinnert. Und auch wer einen durchgegorenen Riesling von Mosel und Nahe bekommen kann, darf einiges erwarten. Dennoch sei jedem, der die selbstverständlichen Qualitäten dieses Weins kennen lernen will, ein Abstecher ins Elsass oder nach Luxemburg (!) empfohlen. Dort darf der »deutsche« Riesling noch zeigen, was er kann und warum er ein bisschen teurer ist als seine Konkurrenten.

most.

Risotto

Der Risotto hatte eine schöne Köchin. Silvana Mangano bereitete ihn in ihrem ersten großen Film, dem neorealistischen Meisterwerk »Bitterer Reis«. Dieser Titel war zum Glück nur politisch gemeint und bezog sich auf Schweiß und Tränen der Reisbäuerinnen in der Po-Ebene. Risotti schmecken nicht bitter. Etwas breiig, das schon, schließlich wird der rundkörnige Reis nach dem Andünsten in Butter, Zwiebeln und Knoblauch zweimal angekocht: erst kurz in Wein, dann länger in der zugegebenen Brühe. Vermischt mit Parmesan plus allem Möglichen, vom Tintenfisch bis zum Steinpilz, kommt er dann auf lombardische und Tessiner Tische. Besonders in der Lombardei können Risotti dabei durchaus politisch wirken: Sie trotzen der Übermacht der allitalienischen Nudel. Und die reisgenährten Separatisten schreien: *Basta la pasta!*

gud

Rollmops

Warum der Rollmops Rollmops heißt? Erstens: »Mopen« ist niederdeutsch und heißt »den Mund aufsperren«. Zweitens: »Moppen« ist holländisch und heißt »mürrisch sein«. Also heißt der Rollmops Rollmops, weil man, wenn verkatert und also mürrisch, nichts Besseres tun kann als den Mund aufzusperren und einen Rollmops hineinzuwerfen. Hilft das aber wirklich? Der Rollmops ist ein Hering, genau: ein halber Hering, um Gurke und Zwiebel gerollt, mit einem Holzstäbchen an der Trennung von denselben gehindert und dann in Essig mariniert. Und was dem Hering schon alles an Heilkräften nachgesagt worden ist…, da kommt es auf den Kater nicht mehr an. Ein halber Hering auf den Schlangenbiss, und du wirst leben. Halsweh? Ein Hering um den Hals gewickelt (»Innen oder außen?«, fragt Frau Seeliger), und es verschwindet. Heringsköpfe helfen gegen Warzen und Hühneraugen, Heringsrogen gegen Gonorrhöe, Heringsmilch gegen Schwindsucht. Hustet die Kuh im Stall, dann lasse man sie einen Heringsschwanz schlucken. Gegen den Kater eingenommen, will der Rollmops von folgendem Spruch begleitet werden: »O Hering, bester Hering, nimm meinen Schwur in Acht: Nie mehr verkneip' ich wieder die keusche Mitternacht.« Einer vor allem im Braunschweigischen zu hörenden Sage zufolge vertreibt der Rollmops das Kopfweh beinahe garantiert, wenn man zu Gurke und Zwiebel inmitten des Herings noch ein bis zwei Aspirin fügt, aber erst nach dem Marinieren bitte.

niet.

Rote Rübe

Die Rote Rübe hat einst, auch unter den Tarnnamen Rote Bete, Rahne, Salatbete, Salatrübe, ganze Generationen gequält. Die Altvorderen, die die mageren Winter = Rübenwinter der Kriegs- und Nachkriegszeit erlebten, erzählen noch heute mit bitterem Geschmack im Mund: Rote Rüben gab's tagein, tagaus als Suppe, als Salat, als Gemüse, in Scheiben und in Würfeln – kein Wunder, dass allzu vielen der Appetit auf diese Abart der Gemeinen Runkelrübe vergangen ist. Dabei erntet der europäische Mensch die Wurzelknolle der *Beta vulgaris*, die der Farbstoff Anthozyan so rot färbt, schon seit dem 13. Jahrhundert – und das keineswegs nur, weil sie eine anregende, appetitsteigernde Wirkung hat und ihr Saft sich so gut in der Konservenindustrie verwenden lässt. Nein, Rübenverächter, als Basis kräftiger Suppen wie dem slawischen Borschtsch zeigt sie auch geschmackliche Qualität. Also: Rettet die Rübe! *gud*

Rouille

Rouille bedeutet, dem Wörterbuch zufolge, so viel wie Rost oder Brand (im botanischen Sinn), als Slang-Ausdruck auch Flasche. Klingt eher mies, nicht wahr? Tatsächlich ist eine gute Rouille ein rechter Segen, insbesondere als Beigabe zur Fischsuppe. Sie stammt (hier stützen wir uns auf ein Kochbuch) aus der mit Kräutern und dem Mistral gesegneten Provence und ist relativ leicht und schnell herzustellen. Man produziert im Mörser einen glatten Brei aus Knoblauchzehen, Chilischoten, Salz und Pfeffer, wobei es kein Schaden ist, wenn man die Masse um grüne Paprikaschoten, aus dem Glas oder frisch und etwas vorgekocht, erweitert. Mit tropfenweise zugegebenem Olivenöl und untergerührten Semmelbröseln wird aus dem Brei im Hui eine Rouille. *kaj*

Safran

»Safran macht den Kuchen gel«, singen die lieben Kleinen im Backe-backe-Kuchen-Lied. Wenn die wüssten, welche Kostbarkeit sie da in den Mund nehmen. 12000 Mark kostet das Kilogramm dieses Gewürzes, das aus den dreiästigen orangeroten Blütennarben der Herbstkrokusblüten gewonnen wird. Diese Krokusart wächst in Südosteuropa und Ostasien. Rund 80000 solcher Blüten müssen für ein Kilo Safran gepflückt werden, der als gestoßenes Pulver oder in Fäden aus eben diesen Blütennarben zu haben ist. Safran hat einen etwas strengen, süß-bitteren Geschmack. Wer ihn in den Kuchen tut, begeht möglicherweise ein Täuschungsmanöver: Er gaukelt durch die gelbe Farbe vor, dass der Kuchen viel Eier enthält. Um die Verfeinerung des Geschmacks geht es aber bei den drei Gerichten, für die Safran unerlässlich ist: die französische Bouillabaisse, die spanische Paella und der italienische Risotto. In winzigen Spuren kann man ihn auch in Fleischbrühe geben, die dadurch einen rot-goldenen Glanz bekommt. *op*

Salat

Der Salat wird in unseren Breiten zuallererst seiner vielen gesunden Vitamine wegen gegessen. Weil wir Deutschmänner zu Übertreibungen neigen, verspeisen wir ihn deswegen in rauen Mengen, am besten noch vor dem Essen. Die meisten italienischen Restaurants in Deutschland haben sich dieser Gewohnheit angepasst und bieten das zu sperrigen Würfeln verhackstückte Salat-Gemüse in großen Glasschüsseln an. Die *Insalata* in Italien dagegen wird in erster Linie als erfrischender und neutralisierender Kontrast zum Hauptgericht verstanden. Folgerichtig findet sie auf einem flachen Teller ausreichend Platz. Keinesfalls muss der Salat immer gemischt sein. Oft sind etwa der kleinblättrige Feldsalat oder die an Löwenzahn erinnernde *rughetta* für sich alleine schon eine kleine Delikatesse. Zu frittiertem Fleisch oder Fisch eignen sich vorzüglich etwas bittere Salatsorten. Knoblauch hat in der Insalata, wenn überhaupt, nur am Rande etwas zu suchen: Vor allem in Süd- und Mittelitalien ist es üblich die Salatschüssel damit einzureiben.

nd

Sauerkraut

Sauerkraut ist ein Lebensmittel, das hierzulande oft mit Füßen getreten worden ist. Aber nicht etwa, weil es als minderwertig galt, sondern weil es eine wirkungsvolle Methode war, das gehobelte Weißkraut mit den Füßen zu stampfen, bis der »Saft« austrat, der für die Gärung so wichtig ist. Sauerkraut machten nicht nur die Bauersleute ein, auch die Städter hatten häufig das Zubehör, um sich einen Vorrat dieses wichtigsten »Wintergemüses« zu schaffen. Es sind dies ein Krauthobel, ein Fass aus Holz oder Ton und ein Stampfer. Das »Krauteinmachen« ist nicht besonders schwer. Geben Sie eine Lage gehobelten Weißkrautes in das Gefäß, kräftig Salz, Kümmel, Schnitzel von gelben Rüben und ein paar Wacholderbeeren drüber und stampfen Sie es, bis der austretende »Saft« das Kraut fast bedeckt. Dann die nächste Lage drauf und die gleiche Prozedur. Haben Sie die gewünschte Menge verarbeitet, wird das Gefäß mit einem Deckel verschlossen, den man beschweren sollte. Nun kann die Milchsäuregärung einsetzen. Sie vollzieht sich am besten in einem kühlen Keller. Sollte der freilich zu kalt sein und das Kraut zu langsam »werden«, kann ein Schubs warmes Wasser Wunder wirken. Ansonsten sollte man beim Zubereiten von S. Wasser nur sparsam verwenden. Wer auf die Idee kommt, es vor dem Kochen zu waschen, begeht eine schwere Sünde, denn er spült die Vitamine und Mineralstoffe heraus. Wer S. für etwas Ordinäres hält, sollte sein Urteil angesichts der raffinierten Zubereitungsarten in den feinsten Restaurants revidieren. *op*

Scampi

Der Scampo tritt meist im Plural auf. Als Scampi also, wie sie die Toskana-Fraktion kennt, und als Langostinos, wie sie für die tapferen Mallorca-Flieger heißen, bevölkern sie die Speisekarten der deutschen Chichi-Lokale. Ohne sie kommt keine Edelpizza, kein Schickeria-Salat aus, wobei die Wirte oft genug dem teuren Gast eine schlichte Hummerkrabbe für jenes stolze Krustentier vormachen, das auf Deutsch immerhin den klingenden Namen Kaisergranat führt. Also, Achtung! Nur jenes Getier, das die Biologen Norwegischen Hummer, *Nephrops norvegicus*, nennen (wiewohl es in seiner Masse aus den Gewässern rund um Irland kommt), ist ein echter Scampo: ein Kleinungeheuer aus der Tiefe des Meeres, das immerhin 20 Zentimeter lang sein kann. Höchstens fünf Minuten gegart, enthalten die schlanken Scheren kleine, schwer zu pulende Leckerbissen. Das meiste Fleisch aber steckt im Schwanz, der sich weiß wie ein riesiger Engerling in hellrosa Schale ringelt und eigentlich viel zu schade ist, um als Beiwerk modischer Yuppieküche verheizt zu werden. *gud*

Schilcher

Schilcher ist ein ganz besonderer Saft: Als »Rabiatperle« verspotten die einen diesen steirischen Wein, weil er angeblich rauflustig macht. Andere nennen ihn schlichtweg ein natürliches Potenzmittel, was in einem österreichischen Weinführer vornehm so umschrieben wird, dass der relativ hohe Säuregehalt des Schilchers »die Lebens- und Liebesgeister aufs Angenehmste weckt«. Wie er nun tatsächlich wirkt, kann jeder an sich selbst ausprobieren, so viel aber vorab: Der Schilcher wird aus der Wildbacherrebe gekeltert, klassisches und ausschließliches Anbaugebiet ist die Weststeiermark um Stainz und Deutschlandsberg. Er ist hellrot (Zwiebelschilcher) bis zurubinrot. Dieser Farbunterschied hängt mit dem Boden zusammen, auf dem die Wildbacherrebe wächst: Um Stainz, wo der Zwiebelschilcher herkommt, wird sie auf Verwitterungsgestein gezogen, um Deutschlandsberg, wo die dunklere Spielart daheim ist, auf schwerem Boden mit höherem Lehmanteil. Aber auch ein längeres Lagern der Maische lässt den Schilcher dunkler werden. Auf den Weinkarten deutscher Restaurants findet man diesen herben Wein äußerst selten, was daher kommt, dass ihn die Steirer am liebsten selbst trinken und die Anbaufläche nur an die 100 Hektar beträgt. Er passt gut zu etwas deftigeren Gerichten. Etwas Besonderes: Schilcher zu frisch gebratenen Maroni. *op*

Seeteufel/Lotte

Der Seeteufel, bekannt auch als *lotte* (franz.) oder *coda di rospo* (ital.), gehört zur Gattung der Armflosser. Die *Lophiiformes* haben vergrößerte Brustflossen, die sie auch zum Kriechen benutzen können. Der Seeteufel kommt im Nordatlantik, in der Nordsee und in der westlichen Ostsee vor. Der beliebte Speisefisch ist außerordentlich verbraucherfreundlich, hat er doch weder Schuppen noch Gräten, dafür aber wohlschmeckendes, festes Fleisch. Früher war man da anderer Meinung. Conrad Gessner schrieb 1670 in seinem ›Fischbuch‹: »Das fleisch dieser Thiere sol nicht in die Speiß kommen, denn es ist von schlechtem Geschmack und eines heßlichen Geruchs. Doch sol der bauch von ihm das beste seyn.« Dieser »bauch« ist eigentlich nur der Schwanz. Der ganze Kerl, der bis zu 150 cm lang werden kann, besteht nämlich ausschließlich aus dem großen, hässlichen Kopf und eben dem begehrten Schwanzstück. *fein*

Seewolf, Wolfsbarsch

Der Seewolf gehört zu den Fischen, die Laien in babylonische Verwirrung stürzen: Was unterscheidet Seewolf, Wolfsbarsch, *loup marin, loup de mer*? Also: Der Wolfsbarsch heißt auf Französisch *bar de mer*, wenn er aus dem Atlantik stammt, und *loup de mer*, wenn seine Heimat das Mittelmeer war (was seinem Geschmack dienlicher ist). Auf Englisch heißt er *sea bass*. Der Wolfsbarsch ist ein langgestreckter, silbergrauer und sehr teurer Fisch, der als so gefräßig gilt, dass die alten Griechen behaupteten, er schwimme stets mit offenem Maul. Seinen wunderbaren Geschmack bewahrt man am besten, wenn man ihn dämpft oder in einer Teig- oder Salzkruste zubereitet (Vorsicht, trocknet leicht aus!).

Der Seewolf hingegen (auch Steinbeißer, engl.: *catfish*, franz.: *loup marin*) hat einen walzenförmigen Körper, seine Haut ist gestreift oder von dunklen Flecken bedeckt, sein Gebiss gewaltig, denn er lebt von Krustentieren und Muscheln. Wer Zubereitungsarten sucht, schaut in seinem Kochbuch unter Kabeljau nach; was da steht, passt meistens für den Seewolf. Im Übrigen gilt der Seewolf als temperamentvoller Fisch, der in entsetzliche Wut verfällt, wenn er bedroht wird. Brehm schreibt, er »behält seine Wut, solange er lebt«. So geht es auch dem Kostproben-Redakteur, der entdecken muss, dass in allen Kochbüchern seines Regals die Begriffe Seewolf, Wolfsbarsch, loup de mer, loup marin ständig verwechselt werden.

niet.

Serviettenknödel

Der Serviettenknödel hat seinen Namen nicht etwa daher, dass er blütenweiß sein soll wie das Tuch, mit dem man sich in gepflegter Tafelrunde den Mund wischt. Nein, er hat seinen Namen davon, dass die Teigmasse in eine Serviette eingerollt wird, bevor man sie für 35 Minuten dem siedenden Salzwasser anvertraut. Der Trick bei der Geschichte: Die Serviette muss auf der Fläche, auf der die Knödelmasse aufliegt, gebuttert sein. Den Teig nicht zu fest einrollen, er geht während des Kochens etwas auf. Der Teig ist einfach gemacht: Semmelwürfel mit flüssiger Butter vermischen, Eier und Milch verquirlen und über die Semmeln gießen, eine Prise Muskat kann nicht schaden, alles ein halbes Stündchen ziehen lassen und dann schön als Rolle geformt, die Serviette an den Enden verschlungen, ins Wasser. Den fertigen Knödel mit einem scharfen Faden schneiden, geht besser als mit jedem Messer. Wer den Knödel fast so weiß wie eine Serviette haben will, sollte die Semmeln vor dem Schneiden entrinden. Serviettenknödel passen hervorragend zu Wild. *op*

Soja

Soja schmeckt nach nichts und kann darum nach allem schmecken: scharf, mild, süß, sauer, nach Milch, Quark, Käse, wonach immer... Dazu ist die Sojabohne mit das Nährstoffreichste, das die Erde hervorbringt. 30 Prozent Eiweiß im Samen. Das gefiel nicht nur dem chinesischen Kaiser Tschen-Nung, der sie schon vor knapp 5000 Jahren per Dekret anbauen ließ. Das macht sie auch heute zum Renner in Reformhäusern, wo sie Vegetariern fleischliche Genüsse ersetzt. Außerdem – Achtung, ideologiefeste Makrobioten! – wurde sie zum Liebling der Nahrungsmittelindustrie, die aus Sojamehl, Sojaöl und ein bisschen Chemie wirklich alles fabrizieren kann. Weit mehr als 100 Millionen Tonnen Sojabohnen erntet die Welt darum jedes Jahr, die Hälfte davon in den USA. Das meiste davon isst nicht der Mensch, sondern frisst das Vieh. (Vgl. auch »Tofu«.) *gud*

Sorbet

Sorbets kühlen die Zunge – was in den heißen Ländern des Orients besonders angenehm wirkt. Daher ist es wenig verwunderlich, dass die alten Perser zuerst auf die Idee kamen, Fruchtsaft oder Wein mit Zuckersirup zu vermischen und das Gemisch leicht anzufrieren. Scherbet nannten die Araber dieses Eisgetränk und unter diesem Namen lernten die Köche Westeuropas die kühle Köstlichkeit von den Türken kennen. Hier wurde aus dem Scherbet das Sorbet in seinen vielen Zubereitungsarten: säuerliches Granité oder, italienisch, Gramolata, süßfruchtige Marquise, rumveredelter Punch und weinig-fester Spoom. Grundsätzlich mischt der Sorbetier entweder Wein jeder Art oder Fruchtsaft halb und halb mit Zuckersirup und stellt die Mischung erst kurz vor dem Servieren in die Tiefkühltruhe. Doch welchen Wein, welche Früchte er da kühlt, bleibt seiner Fantasie überlassen. Melonen, Feigen, Ananas, Portwein, Madeira und allerlei Likör – alles ist erlaubt. Nur in Schickeria-Kreisen verlangt die gesellschaftliche Konvention Champagner. Eiskalt. *gud*

Spargel

Darf man ihn nun mit dem Messer schneiden oder nicht? Früher galt es als eine Todsünde bei Tische, wenn man ihm mit dem kalten Stahl zu Leibe rückte. Zum Üben hat man nicht allzu viel Zeit: Einheimischer Spargel wird nur von Mai bis Johanni, also 24. Juni, gestochen, wie man das Ernten der unterirdisch in die Höhe schiebenden fleischigen Schösslinge des *Asparagus* aus der Gattung der Liliengewächse nennt. Heute bekommt man Spargel fast das ganze Jahr frisch – ob man ihn deswegen nun auch schneiden darf, ohne dass der Gastgeber blass wird wie ein Spargel? In Deutschland ist das Schwetzinger Anbaugebiet das bekannteste, dem Münchner liegt das Schrobenhausener am nächsten. Seit einigen Jahren gibt es auch ausgezeichneten grünen Spargel. Spargel entschlackt, ist vor allem harntreibend. Aber so kerzengerade die »Pfeifen«, wie man die Spargelstangen auch nennt, wachsen, so »anschmiegsam« sind sie an alle möglichen Beigaben. Sie passen zur Bratwurst genauso wie zum feinen Kalbsfilet; schlichte zerlassene Butter unterstreicht ihren Eigengeschmack ebenso wie raffinierte Saucen. Geschält wird der Spargel vom Kopf nach unten – genau in der Richtung, in der ihn einst der feine Mensch ungeschnitten zum Munde führte. *op*

Steinpilz

Der Steinpilz (*Boletus edulis*) heißt in manchen Gegenden Herrenpilz. In feudalistischen Zeiten hatte das gemeine Volk die Finger von dieser im Wald wachsenden Köstlichkeit zu lassen, sie war der Herrschaft vorbehalten. Das spiegelt sich noch heute in den Preisen wider. Auf dem Münchner Viktualienmarkt zahlt man derzeit für das Pfund Steinpilze fünfundzwanzig Mark und mehr. Schwammerlliebhaber wissen, dass es vom Steinpilz mehrere Arten gibt, so einen Eichen-, einen Kiefern- und den wärmeliebenden Schwarzhütigen Steinpilz. Sie haben eines gemeinsam: Sie schmecken köstlich. Selbst die zur professoralen Mäkelei neigenden Pilzexperten sind sich einig, dass der Steinpilz der König der Speiseschwammerl sei. So edel der Steinpilz ist, er nimmt herzhafte Arten der Zubereitung nicht übel. Man kann ihn in Essig einlegen, frittieren, überbacken, füllen, grillen, schmoren. Die klassische bayerische Art ist, ihn in Rahm mit Semmelknödel zu verspeisen – »selbstgebrockt« versteht sich, wobei der wahre Schwammerlsucher eher seine Familie verleugnet als seine Steinpilzfleckerl verrät. Eine schlichte, aber unübertreffliche Art des Steinpilzessens: Scheiben von Exemplaren mittlerer Größe in erstklassigem Olivenöl sautieren, leicht salzen und mit ein wenig Zitrone beträufeln, dazu Weißbrot und Weißwein. *op*

Stockfisch

Obwohl das Steckerl ein Stock ist, ist der Stockfisch kein Steckerlfisch. Der nämlich heißt, wie er heißt, weil er auf dem Oktoberfest am Steckerl über dem Grill schwitzt. Der Stockfisch aber ist ein Fisch, der, frisch eingebracht, ausgenommen und geköpft, an der Seeluft trocknet – und zwar auf einem Holzgestell aus Stöcken. Ungesalzen oder gesalzen, gespalten oder ungespalten, mit oder ohne Mittelgräte, als Titling, Rotscheer oder Klippfisch (je nach Art des Salzens und Trocknens), konservieren Fischer so von alters her besonders Plattfische und Dorsche, vor allem den Kabeljau (*Gadus morrhua*). Der hat seinen Namen aus dem Portugiesischen. Dort wird er besonders gern gegessen und heißt *bacalhao* – was wiederum nichts anderes als Stockfisch bedeutet (*baculum* nämlich sagte der alte Lateiner, wenn er Stock meinte). Nach dem Trocknen enthält der Stockfisch nur noch rund 15 Prozent Wasser. Er muss, bevor er in die Küche kommt, unbedingt gewässert werden. Sonst schmeckt er so, wie sich ein Fisch auf dem Trockenen eben fühlt: elend.

gud

Surimi

Wer Meeresfrüchtesalat liebt oder Nudeln mit Meeresfrüchten, beißt seit einigen Jahren immer wieder auf ein Tier namens Surimi. Dieses Tier kommt in der Natur nicht vor. Es wird hergestellt aus Fischen, die wegen ihres Aussehens, ihrer geringen Größe oder ihres miesen Geschmacks nicht zu vermarkten sind, und aus allem Möglichen, was im Meer kreucht und schwimmt. Japanische Fischer machten schon vor hunderten von Jahren ihren überschüssigen Fang haltbar, indem sie die Fische hackten und die gesalzene Rohmasse, Surimi genannt, sofort garten. 1959 erfanden japanische Lebensmittelchemiker ein Frostschutzmittel, das, unter den Brei gemischt, dessen Bindefähigkeit bewahrt, so dass Surimi gleich auf den Fischtrawlern hergestellt und tiefgekühlt werden kann. An Land wird es dann aufgetaut, mit etlichen »Zutaten« wie Geliermitteln, Aromastoffen und so genannten Prozesshilfen versehen und gepresst. Heraus kommen Surimi-Shrimps, Surimi-Tintenfischringe, Surimi-weiß-der-Geier. Am häufigsten sind Stäbchen, die ihren vollen chemischen Meeresgeschmack in Salatschüsseln und Saucentöpfen entfalten.

fein

Sushi

Frisch hat der Fisch zu sein, den der Japaner als Sushi verzehrt, frischfrischfrisch! Nichts für Tierschützer: Am besten filetiert man Sushi-Fisch bei lebendigem Leib. *Nigirizushi*, die Zubereitungsart, in der die »fremden Teufel« aus dem Ausland Sushi meist kennen lernen, heißt dieser Frischfisch nun (es können auch marinierte Meeresfrüchte sein), wenn man ihn vorher auf Reis legt, genauer: mit *nori*-Seegras auf einen Reiskloß bindet. Diesen Reis nun so klebrig zu bereiten, dass er nicht vom Essstäbchen rutscht, ist des Japaners ganzer Küchenstolz. Er macht das nach dem alten *yudaki*-Ritual: ein *masu* (1,8 Kilo Reis) in kochendes Wasser, zwei Minuten starke, fünf Minuten mittlere, fünf Minuten schwache Hitze, eine Viertelstunde ohne Hitze weiterdämpfen, Topfdeckel ja nicht heben – klebrig ist der Reis. Den Reis mit *sake* (Reisbranntwein) und Reisessig vermischen, Klöße formen, Fisch drauf, fertig. Das klingt ganz einfach – doch Vorsicht! Ein richtiger Sushi-Dekorateur hat jahrelang zu lernen, bis er den Fisch nach hunderten von Regeln so kunstvoll arrangiert, dass ein japanisches Auge wohlgefällig darauf ruht. *gud*

Tellerfleisch

Einen schlichteren Namen kann ein Gericht nicht haben: Da liegt also ein Stück Fleisch auf dem Teller. Aber man weiß ja – die einfachsten Genüsse sind die besten. Das gekochte Rindfleisch (bitte nicht zu weich, es soll noch Biss haben) darf durchaus ein bisschen durchwachsen sein und es muss vor allem in kräftiger Fleischbrühe ruhen, die schon ein paar Fettaugen haben sollte. Das Fleisch nicht parieren (zuschneiden), weil Häute und Sehnen dafür sorgen, dass es »aufgeht«, also nicht kompakt bleibt, sondern »Lücken« bietet, in die die Fleischbrühe eindringen kann. Das Fleisch wird in fingerdicken Scheiben serviert, grundsätzlich quer zur Fleischfaser geschnitten. Wer's einfach liebt, dem wird darüber gestreuter Schnittlauch reichen oder ein bisschen Suppengemüse aus der Fleischbrühe. Ein frisch geriebener Meerrettich passt ebenso gut dazu wie ein bayerischer Kartoffelsalat. Gibt's zum Fleisch noch ein paar Markscheiben, handelt es sich um die De-Luxe-Ausführung. *op*

Thunfisch

Des Thunfischs natürliche Umgebung ist die Dose. Mit dem Weißblech geht er ein, was der Zoologe eine Symbiose nennt. Nur im blechernen Panzer der Konserve kann *thynnos*, wie er beim alten Griechen heißt, zu jener trockenfaserigen Konsistenz heranreifen, die ihn zum Lieblingsfisch aller Salatmischer, Pizzabäcker, Sandwichschmierer macht. Alles andere ist Legende: dass er als bis zu drei Meter langes, 600 Kilo schweres Flossenmonster durch Atlantik, Pazifik und Mittelmeer streunt. Dass er, gefangen, in Scheiben geschnitten, gegrillt oder gebraten, mit Tomaten, Basilikum, Kapern und Oliven oder mit Rosmarin und Knoblauch gar köstlich schmeckt. Dass er sich leider, da er recht alt wird, ganz gern in den schmutzigen Ozeanen mit Schwermetallen anreichert. Alles vergessen! Und einfach hineinbeißen, in ihn, wie er da bröckelig auf einem lappschlappen Salatblatt liegt. Meist wird er sagen: »Ich war aus der Dose.« *gud*

Tintenfischringe

Tintenfischringe sind eine Mutation der Sepia, gehören also nicht zu den Fischen, sondern zu den Mollusken. Sie kommen im Atlantik und im Mittelmeer vor. Im Gegensatz zu den Tintenfischen, die man mit Netz, Angel oder Harpune jagt, werden die Tintenfischringe von Tauchern direkt von den Felsen gepflückt, auf Stäbe aufgefädelt und an Land fangfrisch in handelsübliche Plastiktüten verpackt und tiefgekühlt. Tintenfischringe sind ein hervorragendes Beispiel für die Wandlungsfähigkeit der Arten. Noch am Anfang dieses Jahrhunderts mussten zur Herstellung von Tintenfischringen Sepie erlegt, mühsam geputzt, die sackförmigen Körper in Ringe geschnitten, paniert und gebraten werden. Im Lauf von wenigen Jahrzehnten brachte das Meer eine völlig neue Spezies hervor, der Familie der Tintenfische zwar dem Namen nach noch verwandt, nicht aber in Geschmack und Form. Eine ähnlich perfekte Assimilation einer Tierart an ihre Bestimmung (Fritte) kennt man nur noch bei Fischstäbchen aus dem Atlantik und Surimi aus Fernost. *fein*

Tiramisu

Tiramisu su – zu Deutsch »Richte mich auf« oder frivoler: »Mach' mich scharf« – ist ein Dessert aus Biskuitschichten und Mascarpone-Eier-Creme. Seit ein paar Jahren gibt es keine Fete, kaum ein Restaurant und schon gar keinen italienischen Stehimbiss, die von dieser Mode unberührt geblieben sind.

Jeder Koch, jeder Patissier, jede Hausfrau hat sein/ihr eigenes, echtes, einzig richtiges Rezept: mit oder ohne Alkohol, Löffelbiskuits oder hausgefertigtem Biskuit, Frischkäse statt Mascarpone, Schokoladensplitter statt Kakao als Abschluss, fast breiartig oder beinahe wie Torte. Die Geheimnisse der jeweiligen Zubereitung werden so streng gehütet, dass man jede Party mit dem geheimsten aller Spezialrezepte verlässt.

Uns reicht's! Hiermit schwören wir feierlich dieser süßen Pest ab. Wer von Stund an Tiramisu anbietet, ist hoffnungslos *out*. Eigentlich schade: Wir von der Kostproben-Versuchsküche sind nämlich die Hüter des wirklich streng geheimen und einmaligen Originalrezepts. *fein*

Toast Hawaii

Toast Hawaii oder – nach Gerhard Polt – Leberkäs Hawaii, sogar Schnitzel Hawaii sind in der klassischen wie in der modernen Küche mit Recht verpönt. Der Toast Hawaii war neben dem heißen Würstchen das erste Schnellgericht der aufblühenden Nachkriegswirtschaft. Den damaligen Deutschen roch er förmlich nach Internationalität und Ferne: wegen seiner gerösteten, von Lord Montagus »Sandwich« abgeleiteten, makellos weißen und vollkommen geschmacksfreien Ami-Brotscheibe, auf welcher gekochter Schinken, Scheiblette und Büchsenananas eine schreckliche Liaison eingehen müssen.

Der Toast Hawaii ist so international wie alle anderen Gerichte mit dem Zusatz Hawaii – also gar nicht, sondern kleinbürgerlich-deutsch. Wer unbedingt Toast Hawaii speisen möchte, sollte nicht vergessen, zum Nachtisch die Capri-Fischer in die Röhre zu schieben. Aber warum nicht mal was Gscheit's: Currywurst mit Pommes rot/weiß. *seeli.*

Tofu

Tofu ist eine quarkähnliche, aus Soja hergestellte Substanz. Wegen seines hohen Gehalts an pflanzlichem Eiweiß ist Tofu in der vegetarischen Küche unentbehrlich. Da Tofu allein so gut wie nach nichts schmeckt, vergleichen ihn Tofuhasser mit feuchtem Styropor. Wegen seines Mangels an Eigengeschmack kann man aber so gut wie alles mit ihm anstellen. So eignet er sich als Fleischersatz, wenn er entsprechend gewürzt wird. Chinesen und Inder – ihre Küche wäre ohne Tofu undenkbar – wissen daraus Wohlschmeckendes, etwa falsches Huhn oder falsche Ente, zuzubereiten. Wer als Hobbyheimwerker kein Tofu-Set für eine eigene Produktion besitzt, ersteht ihn im Reformhaus, wo er rein, mit Gemüsestückchen oder geräuchert erhältlich ist. Der geräucherte schmeckt als Brotbelag, also kalt. Tofuwürfel in einem Gemüsegericht oder Tofuscheiben, in einem würzigen Teig aus Kichererbsenmehl ausgebacken, sind eine Delikatesse. *Schwa.*

Tomatensauce

Eine Tomatensauce zu machen ist eigentlich das Einfachste von der Welt. Um so unverständlicher ist es, dass so viele Leute sich aller möglichen Fertigsaucen bedienen. Wichtig ist vor allem der Rohstoff. Also: Nie die faden Treibhaustomaten verwenden, sondern nur solche aus dem Freiland. Sind die nicht zu bekommen, was leider oft der Fall ist, nimmt man besser Tomaten aus der Dose. (Ausnahme: eine kalte italienische Sommersauce; die geht nur mit frischen Früchten.) Einfacher zu handhaben ist die Dosenware ohnehin, denn Häuten und Entkernen entfällt dabei. Auch da ist freilich auf Qualität zu achten. Empfehlenswert: die Sorte »San Marzano« aus Italien, nach der man allerdings ein bisschen suchen muss. Auf dieser Basis kann es tausendundeine Variation geben. Verpönt ist Tomatenmark, das die Sauce schnell bitter macht. (Ausnahme hier: ein *Ragù*, eine italienische Fleischsauce.) Natürlich kann man trotzdem weiter ins Regal greifen, um sich hinterher ein Fertiggericht anzurühren. Nur eines darf niemand glauben: das, was man dann isst, sei eine Tomatensauce.

niet.

Tortillas

Mexikanische Tortillas sind sozusagen eine lateinamerikanische Crêpe-Variante: Für 12 Stück vermengt man 175 Gramm Maismehl und einen Teelöffel Salz langsam (!) mit 1/4 Liter Wasser, bis der Teig nicht mehr klebt. Dann teilt man den Teig in vier Stücke, die man einzeln zwischen zwei Bogen Pergament (biegsame Pappe tut's auch) legt und möglichst dünn auswalzt. Am besten sticht man die Tortillas um einen Teller herum aus. Eine normale Gusseisenpfanne (das Original-Tortilla-Gerät heißt *Comal*) wird ohne Fettbeigabe mäßig erhitzt; dann brät man die Tortillas auf jeder Seite etwa zwei Minuten. Die leicht gebräunten Tortillas lassen sich, zusammen in Alufolie gewickelt, im Backofen gut bei 125 Grad warm halten. Natürlich kommt es auf die Füllung an: Dafür gibt's hier kein Rezept! Achtung Spanien-Urlauber! Mexikanische Tortillas haben mit den gleichnamigen spanischen Omeletts nichts zu tun. *seid*

Trüffel

Trüffel ist nicht gleich Trüffel – die meisten Restaurantbesitzer wissen das, nur vergessen einige, den kräftig zahlenden Kunden darüber aufzuklären. Allein in der Trüffelregion Umbriens zählt man zehn essbare Sorten. Am teuersten sind die weißen Trüffel aus der Gegend um Alba im Piemont; sie erreichten in diesem Winter Verkaufspreise bis zu 5000 Mark das Kilo. Doch auch diese unterscheiden sich erheblich nach Geruch, Größe, Konsistenz und vor allem nach ihrem Konservierungszustand, ganz abgesehen davon, dass unter dem Markennamen Alba offenbar auch Pilze ganz anderer Regionen gehandelt werden. Die schwarze Wintertrüffel wird im Gegensatz zur weißen gekocht gegessen; sofern es sich um eine echte Wintertrüffel aus dem Périgord oder dem umbrischen Norcia handelt (800 bis 900 Mark das Kilo), hat sie einen überraschend zarten, ja dezenten Geschmack und wird schon zum Hochgenuss, wenn sie nur mit einem simplen Rührei vermengt wird. Bei einem Trüffelgericht, das einen auffallend würzigen Geschmack besitzt und nach Knoblauch riecht, ist anzunehmen, dass der Koch die Paste einer sogenannten Sommertrüffel verarbeitete; diese grobporige Billigsorte der Trüffel wird gerne mit Knoblauch, Sardellen oder Olivenmus angereichert. Ganz besonders schlaue Wirte sollen die Trüffel sogar ganz weglassen: Einer ähnlich ausschauenden Paste fügen sie lediglich einen Schluck Trüffelöl bei. *nd.*

Unterkohlrabi

Vom Unterkohlrabi soll hier die Rede sein, weil er mit U anfängt. Und das U ist schon ganz traurig, zwischen Aal und Zabaione noch nie als Anfangsbuchstabe erwähnt worden zu sein. Es kommt als solcher rund um die Küche aber auch nur ganz selten vor. Wie auch der Unterkohlrabi – als Begriff, nicht als Rübe. Die nämlich kennt fast jeder unter anderem Namen: Die Steck- oder Kohlrübe ist's, die sich mancherorts so nennt. Aber wie sie – oder er, der Unterkohlrabi – auch heißt! Ihr Image ist überall gleich. Schlecht, ganz schlecht. Dabei hat sie vielen über Notzeiten geholfen, weil die Pflanze anspruchslos, die Knolle dick und nahrhaft war. Doch weil sie eben an die Not erinnert, können sie viele, die »Steckrübenwinter« erlebt haben, heute noch nicht riechen, schon gar nicht schmecken. Dabei ist ihr weißes Fleisch, als Gemüse blanchiert oder als Suppe gekocht, pikant und herzhaft. Rehabilitiert sie also! Rübe rauf, nach oben mit dem Unterkohlrabi! *gud*

Vollwertkost

Der Vollwertköstler beginnt den Tag mit Müsli. Frisch geschrotetes Korn muss es sein, möglichst handgemahlen aus der eigenen Steinmühle, dann vermischt mit Milch, Nüssen, Honig und frischen Früchten. Jahrelang wurden latzbehoste Müslijünger, die ihre zwar gesunden, aber fertig gemixten Sägespäne aus dem Naturkostladen zum Frühstück mümmelten, still belächelt. Müsli ist gesellschaftsfähig geworden. Man findet die Zutaten an Frühstücksbüffets großer Hotels, manchmal auch eine passende Getreidemühle; dann sieht man nadelgestreifte Personen fleißig müllern. Eine Gesellschaft rüstet um auf Bio. In den Regalen der Supermärkte sind Vollkornnudeln eine Selbstverständlichkeit; Bäckereien preisen Siebenkornbrote und Vollkornsemmeln an. Feinschmecker entdeckten den braunen, ungeschälten Reis ebenso wie Grünkern, eine grüne, unreif geerntete Weizensorte. Es spricht sich herum, dass Gesundes auch gut schmeckt. Frisches Gemüse, Rohkost, Früchte, kombiniert mit verschiedenen Getreidearten, fantasievoll gewürzt mit pikanten Kräutersaucen bekehrt gelegentlich auch überzeugte Fleischesser. Der volle Nährwert einer Speise soll sich voll entfalten können. Was der Körper braucht, das nimmt er sich davon. Das andere dient als wertvoller Ballaststoff.

Schwa.

Wachteln

Da schüttelt sich der gute Deutsche. Waren da nicht die bösen Südländer, die den armen *quaglie, cailles, codornizes* mit Netzen, Leimruten oder anderen gemeinen Fallen auflauern? Doch seltsam, dass in einem *deutschen* Fachbuch einundsechzig Arten ihrer Zubereitung zu finden sind – von *Wachteln Alexandra* über *Pompadour* zu *Winzerart.* Hierzulande dürfen die Kleinsten aus der Feldhühnerfamilie nicht mehr gejagt werden, und die doch in der Pfanne oder auf dem Rost landen, sollten von Rechts wegen aus der Zucht kommen. Aber die wenigsten Gourmets werden im Urlaub danach fragen, woher die saftigen, wohlschmeckenden Vögel stammen. Die wild lebenden Wachteln mästen sich im Sommer auf den Feldern im nördlichen Europa und ziehen im Winter in den Süden. Voll getankt starten sie als Viertelpfünder; auf dem Teller landen dann nur noch etwa hundert Gramm. Noch bis zum Anfang unseres Jahrhunderts wurden Wachteln zu tausenden bei Gelagen verspeist – oder als Kern des großen Festbratens: Wachtel im Huhn, Huhn im Schwein, Schwein im Rind. *fein*

Waller

Der Waller oder Wels wird in alten Darstellungen »deutscher Walfisch« genannt. Das klingt nach »Fischer-Latein« – aber Exemplare von 2,50 Meter Länge und 150 Kilogramm Gewicht sind unzweifelhaft belegt. Dem Feinschmecker imponiert dieser Fisch, dessen Ursprungsgebiet die Donau mit ihren großen Nebenflüssen ist, nicht etwa wegen seiner Gefräßigkeit oder gar seines großen Mauls, sondern wegen seines grätenlosen, weißen Fleisches. Zubereiten kann man den Waller wie die meisten anderen Fischarten auch: Backen, kochen, grillen oder auf Müllerinart, und geräuchertes Wallerfilet findet man mittlerweile auch auf den Speisekarten. Aber nicht nur, dass man sich beim Essen des Wallers nicht mit Gräten abquälen muss, er hat auch keine Schuppen. Seiner Haut, die trotz der Schleimigkeit zart und verletzlich wirkt, wird man wohl am besten gerecht, wenn man den Waller in einem Wurzelsud zubereitet. *op*

Wan-tan

Wan-tan mit »Ravioli« oder gar mit »Teigtaschen« zu übersetzen klingt schrecklich banal – aber es trifft die Sache ziemlich genau. Chinesisch, philippinisch oder anders asiatisch werden Wan-tans nicht durch die Hülle (die besteht aus schlichten Nudelteig-Rechtecken von 3 bis 8 cm Kantenlänge), sondern durch die Füllung. Was immer man hineintut, klein geschnittenes Gemüse, Krabben, Pilze: Man sollte es vorher kurz andünsten respektive anbraten, am besten in Sesam- oder Erdnussöl. Wan-tans, die in die Suppe kommen, brauchen mehr Würze als diejenigen, die man entweder frittiert oder in Salzwasser kocht, um sie hinterher in diverse süß-saure Saucen zu stippen. Das einzig Schwierige an der Wan-tan-Herstellung sind die Ränder: Die muss man, wenn man die Teigtaschen zugedrückt hat, noch einmal eigens auswalzen – sonst ist der Teig dort doppelt so dick und bleibt hart. *seid*

Wok

Der Wok ist eines jener Küchengeräte, die den Unterschied zwischen hiesiger und fernöstlicher Küche ganz besonders deutlich zutage treten lassen. Es gibt kein Kochzeug, bei dem man flexibler und schneller mit der Hitze umgehen kann, als den Wok. Schnelles Anbraten bei äußerst großer Hitze, langsames Durchgaren, erneute schockähnliche Hitzezufuhr, was bei krossen Speisen unerlässlich ist, und nicht nur bei denen, lässt sich im Wok durch ein leichtes Verschieben des Kochguts an den schwach hochgewölbten und kühleren Rand und durch Zurückbefördern in das tiefe Zentrum bewerkstelligen; denn nur unter dem Zentrum glüht das Feuer. Ein Wok-Besitzer ist also nicht nur auf das Hoch- oder Herunterschalten der Energiezufuhr angewiesen. Vorteil Nummer zwei: Man braucht nur ein einziges Kochgerät, eben den Wok. In ihm kann man frittieren, braten, kochen, dämpfen, dünsten. Das Kochgut liegt nur im eigenen Saft. Von Abalone bis Zwiebel lässt sich alles im Wok verarbeiten. Die Chinesen erfanden diese schalenförmige Wunderpfanne vor rund 2000 Jahren. Seitdem ist die Grundstruktur nie verändert worden. Niemand hat je einen Weg gefunden, den Wok zu verbessern – mit der einzigen Ausnahme vielleicht, dass man ihn heute »vollelektrifiziert« kaufen kann. *ernst*

Worcestershiresauce

Worcestershiresauce oder Worcestersauce (gesprochen etwa Wustascha beziehungsweise Wusta; volkstümlich, aber falsch Wortschesta) ist eine hoch aromatische, dünnflüssige Würzsauce, die, tropfenweise verwendet, den Geschmack von Suppen, Fleisch- und Fischgerichten, Ragouts und Gemüse pikant ergänzen soll. Ursprünglich nur in der englischen Grafschaft Worcestershire unter strenger Geheimhaltung des Rezeptes hergestellt, hat sie im Lauf der Zeit die Fleischtöpfe des britischen Empires erobert. Die Briten gingen, die Sauce blieb, schwappte über auf den ganzen Globus. Von Feinschmeckern wird sie allenthalben verachtet – und (heimlich) genüsslich übers Ragout geträufelt. Bei der englischen Kolonialmacht in Indien galt die Worcestersauce als Geheimwaffe gegen Cholera, Pest und schwarze Blattern. Heutige Indien-Experten dagegen vermuten, dass auf den indischen Friedhöfen deshalb so viele jung verblichene Engländer ruhen, weil sie auch in der Ferne nicht auf die heimatliche Küche verzichten wollten. *fein*

Yams

Der europäische Bauer kennt es nicht und isst es nicht. Aber Yams ernährt die halbe Welt. Als *Chinesische Kartoffel* baut es der Asiate an, als *Igname* der Amerikaner. Und als *Hottentottenbrot* oder mit weniger kolonisatorischem Herrenmenschendünkel als *Brotwurzel*, *Elefantenfuß* oder *Schildkrötenpflanze* benannt, sind die verschiedenen Arten der Yamswurzel Grundnahrungsmittel des schwarzen Afrika. Denn die Kletterstauden (manchmal sind es auch einfache Sträucher) entwickeln ganz erstaunliche Knollen: Je nach Art und Alter können diese bis zu 45 Kilo schwer werden. Schmackhafter sind jedoch die kleineren Knollen. Aber was heißt schon kleiner: 50 bis 80 Zentimeter lang, 5 Kilo schwer und von einer harten, faserigen Schale umhüllt, sind sie immer noch zu groß für jeden Topf. Deshalb werden sie vor dem Kochen geschält und aufgeschnitten – und dann kann man mit ihnen alles machen, was hierzulande die Kartoffel mit sich geschehen lässt: kochen, braten, frittieren, knödeln, Stärke daraus gewinnen undundund ... Das Ganze schmeckt dann wie – eben die ganz normalen, kleinen Kartoffeln, wie sie auch der hiesige Bauer kennt, erntet und isst. *gud*

Zabaione

Zabaione wurde im Süden geboren, behauptet Sofia Loren, weil diese Süßspeise traditionell mit Marsala zubereitet würde und Marsala schließlich in Sizilien liege. So weit, so schlüssig und – will man anderen Quellen Glauben schenken – so falsch. Der wahre Erfinder der Zabaione, auch Zabaglione (in Frankreich Sabayon, Österreich Weinchaudeau), soll ein Turiner Konditor am Hofe des Herzogs Carlo Emanuele I. am Ende des 17. Jahrhunderts gewesen sein. Der Schutzheilige der Köche und Patissiers, San Giovanni Baylon oder nach anderer Quelle San Pasquale Baion, soll dieser luftigen Köstlichkeit den Namen gegeben haben. San Baion – Zabaione – Sabayon: klingt logisch. Und so bereitet man die Zabaione zu: 100 g feinen Zucker mit 3 Eigelb verrühren, im Wasserbad unter ständigem Schlagen mit dem Schneebesen ein Glas Weißwein fast tropfenweise zugeben, weiterschlagen, bis eine schaumige Creme entsteht. Sofort servieren, denn nach einiger Zeit trennen sich Ei und Wein wieder. Man kann statt Weißwein auch Marsala, Champagner, Brandy, Portwein o. Ä. verwenden. *fein*

Zampone

Wenn es kalt und feucht wird in Italien, steht auch den Italienern der Sinn nach Deftigem. So ziemlich das Schwerste, was die italienische Küche zu bieten hat, ist der »große Fuß« aus der Emilia Romagna, insbesondere aus Modena. Die Haut eines kompletten Schweinsfußes (Klauen bleiben dran) wird mit einer Farce aus Schwarte, Backe, Haxe und Schulter, abgeschmeckt mit Salz, Pfeffer und diversen Gewürzen, gefüllt. So entsteht eine Art Wurst, die in Spezialöfen getrocknet wird, bis sie eine braunrote Farbe und damit die gewünschte Reife zeigt. Der fertige Zampone wird vor dem Kochen zwölf Stunden gewässert, mit einer dicken Nadel ein paar Mal eingestochen, damit die Haut nicht platzt, und dann bei kleiner Hitze zwei bis drei Stunden gekocht. Heutzutage macht sich kaum eine italienische Hausfrau die Arbeit, diese komplizierte Spezialität selbst herzustellen. Es gibt vorgegarte Produkte, meist im Alu-Beutel, die nur noch im heißen Wasser erhitzt werden müssen. Meist wird der Zampone – in dicke Scheiben geschnitten – mit Linsen oder Bohnen serviert; er gehört aber auch zum *Bollito misto.* So eine kräftige Portion Zampone bringt auch einen eingefleischten Teutonen durch die kälteste Winternacht. Ohne Digestivo wird er sogar am nächsten Tag noch den großen Fuß im Magen spüren. *fein*

Zigeunersauce

Zigeunersauce oder Sauce zingara (sängara) sollte sein: Demiglace (Kraftsauce) mit Tomatenpüree, fein gehackten Zwiebeln, Weißwein oder Madeira, gewürzt mit Paprika, Cayennepfeffer, eventuell etwas Essig. Der passierten Sauce sollten Streifen von magerem Schinken und Pökelzunge, Champignons und Trüffel (!) beigegeben werden. Wer solch eine Sauce zingara schon je in einem deutschen Restaurant gegessen hat: bitte melden! In der Praxis ist die Zigeunersauce meist ein Mischmasch aus Paprikastreifen, Tomatensauce aus Tüte oder Dose, groben Zwiebelstücken und wenn's hoch kommt noch Champignons; auch Mais und Erbsen wurden schon gesichtet. Geschüttet wird die Pampe wahllos über alle Arten von Koteletts und Schnitzeln, ja sogar über unschuldige Hühnchen und Fische. Das heißt dann Zigeunerart und ist eine Beleidigung für Gast und Namensgeber. *fein*